佛教的人生觀

月溪法師文集 第三冊

月溪法師——著
法禪法師——總校定

佛法是出迷啟悟，證真求實之學也。
佛法不使人厭世，亦不使人樂世。
惟教人認真識妄，不為世迷而已。

目錄

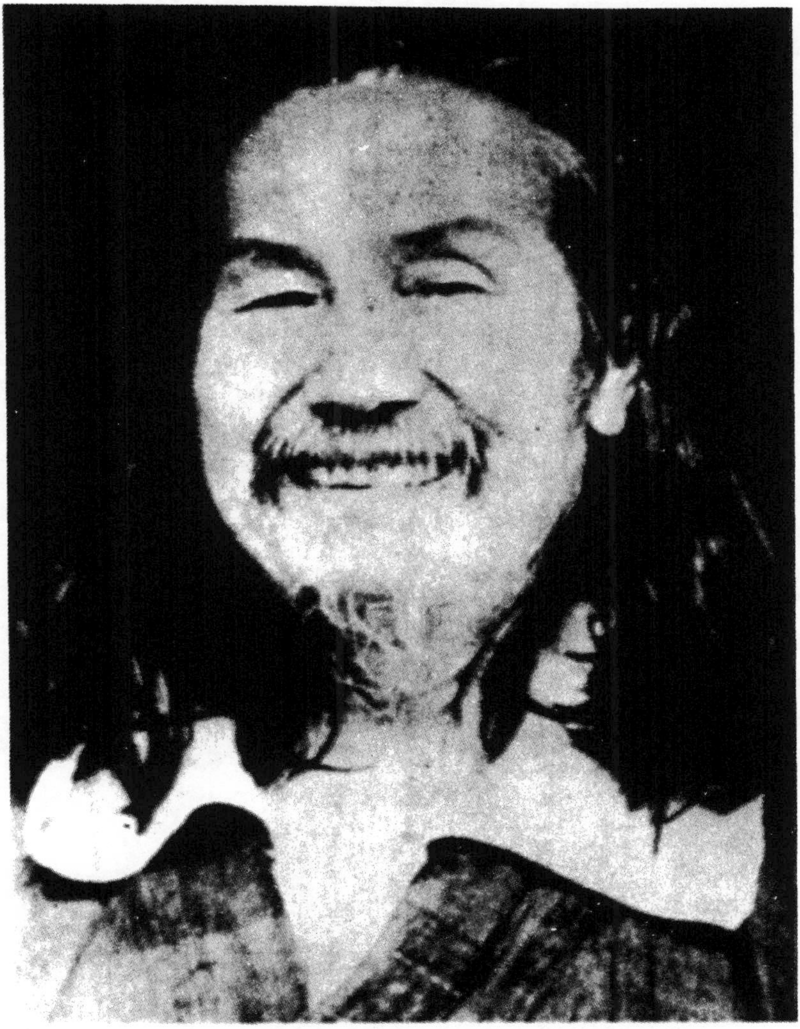

月溪法師法相

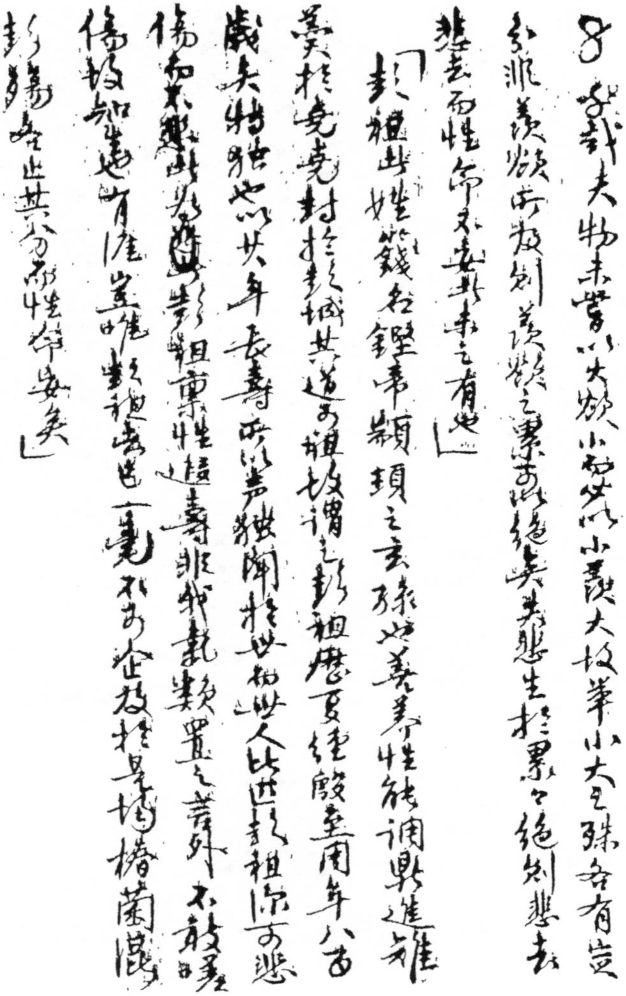

月溪法師手跡

新編月溪法師文集緣起

自在居士

在我國，禪宗的黃金時代是在唐、宋時期，六祖以後高僧輩出，悟道祖師不計其數，然而在唐、宋以後禪門就逐漸式微了。禪的行者一旦墮入思惟、名相及文字語言的窠臼，那麼便與直指的本懷相差十萬八千里了。祇一味地在法上論說，終究離不開「口頭禪」；一味地枯坐，那就是典型的「枯木禪」；祇會念話頭或者將古人公案拿來剖析並且說出一番大道理的，那就是「話頭禪」或「公案禪」；有用止觀雙運來參禪的，那就是「止觀禪」。不說上述的方法對不對，若想以此明心見性，恐怕是相當的困難。爲甚麼會如此呢？因爲上面這些都離不開在妄念上做功夫呀！而近代的禪門行者不在妄念上做功夫的簡直鳳毛麟角。

在近代，能夠看出禪門種種弊端的，首推月溪法師。他是箇真正徹見本源的過來人，凡所說法都是從自性中流露，絕不墮入前人的思想陷阱中。在註解經典時都是從體性（佛性）上發揮，而不在文字語言的表面上作文章。在後人整理的文集當中，最能夠表現月溪法師思想精髓者，首推《大乘絕對論》。這是一本相當殊勝的文集。「絕對」者是佛性的代名詞，簡言之，《大乘絕對論》是從佛性上發揮以說明古今中外思想界的種種不究竟處。這一點，吾人以爲相當重要，假如沒有月溪法師的明說，一般人很難瞭解古今中外思想界的毛病究竟出在何處。佛性本體雖然不可說、不可思議，但《大乘絕對論》已然道出整箇佛性的架構，這對很少深入經藏的現代人而言，可以在極短的時間中明瞭整箇佛陀說法的旨要，在繁忙的工商社會中，顯得相當重要。因爲要現代人窮年累月埋首於浩瀚的經典中，實在不太可能，而大乘典籍的艱深，苟非徹見本地風光的過來人，很難瞭解箇中三昧。當然，對一位未徹見本地風光的人而言，對《大乘絕對論》的瞭解也一定僅止於表相，也就是說祇認得一點皮毛罷了！但不管怎麼說，這是一本相當白話且說理也很能深入淺出的文集。

至於月溪法師所著的其他文集，包括對經典方面所做的註疏，也都是從佛性上發揮。而對於「無明」，月溪法師有一套獨特的看法，他將無明分爲「無始無明」及「一念無明」兩種。表面看來，這也許好像沒有甚麼，然而吾人以爲這在修行上却是相當的重要，很多修行人窮其一生都無法證果，問題就是出在他分不清甚麼是無始無明，甚麼是一念無明，而祇會在一念無明上下功夫，這是捨本逐末的做法。

翻開歷代祖師的著述，吾人很少發現有祖師將「無明」這麼清楚地宣說出來的，這也難怪很多修行人的目標都祇是在做斷妄念（一念無明）的功夫。問題出在這一念無明根本斷不了，斷了前念，後念馬上跟著生起，斷了又生，生了又斷，簡直無有了時，所謂「止觀雙運」、「一心三觀」、「眼觀鼻，鼻觀心」等的修法都離不開斷妄念。其實，本性是被無始無明所遮障，而一念無明祇是無始無明的產物，吾人若想親見本性，那麼所要打破的就是無始無明，而一念無明剛好是用來作為打破無始無明的工具。在修行的階位上，吾人實在不應該斷一念無明，反而應該好好利用它纔對！其實，在見性的當下，無始無明就被打破了，而在沒有無始無明作為前提之下，那麼一念無明也就轉爲本性的妙用了！就人而言，無始無明是可破的，而一念無明不可破，祇在見性的當下轉爲本性的妙用。在修行之初，如果沒有上面的這種認知，那麼想明心見性，無異緣木求魚。

無疑的，月溪法師是「末代禪」的中流砥柱，有他出來爲文，掃除種種似是而非且不究竟的末代禪法，讓吾輩於修行之初，就可以很明白地看清方向而避免誤入歧途。很顯然的，月溪法師的文集，是禪海中的燈塔。欣聞臺北圓明出版社計劃蒐羅、整理，出版《月溪法師文集》，誠令人頓感禪悅瀰溢，對於那些找不到門路或迷失在歧途的衆多修行者而言，這套文集的面世，諒必是一大「福音」！而這套文集的整理、校勘及次序的編排，幾乎都由臺灣大學的郭哲志及林淑娟兩位大德一手包辦，其發心之誠及熱心的參予，吾人也應給讚賞。

唯文字語言終究離不開「方便道」，這套文集當然也不例外。吾人應該透過文字語言的底蘊去瞭解說法的本義，以便紮紮實實的實修實證。

香港沙田萬佛寺開山祖師第一代主持
月溪上人肉身法體鋪金圓滿陞座碑

佛法自漢明帝時傳入中國，摩騰、竺法蘭自西域以白馬馱經而來，因於洛陽建白馬寺，佛法即盛傳中土。迨六朝梁武帝時，達摩初祖一葦東來，以衣鉢相傳。至唐朝，惠能六祖弘法南來，肉身成佛於廣東南華寺，衣鉢之傳廢。而禪宗大乘佛法在中國繼續發揚，儒家學者每多精研深究，以故高僧輩出，宗門鼎盛，代有傳人，尤對中國學術界影響甚大，宋明理學即其顯著者也。歷代祖師見性成佛者甚多，惟具有金剛不壞之身，成爲肉身菩薩，金相莊嚴者，殊不多見。今月溪上人，俗姓吳，昆明人也。原籍浙江錢塘，後遷滇，考諱文鏡，積學隱德；妣陸氏聖德，茹素念佛，有子五人，上人其幼也。上人幼聰慧，好讀書，受儒業於汪維寅先生。年十二讀〈蘭亭集序〉，至「死生亦大矣，豈不痛哉」一句，慨然有解悟，問先生如何方能不生不死？先生告曰：「儒言：『未知生，焉知死？』」自是兼攻佛學，尤專心老、莊，濂、洛、關、閩之學，博綜六經。隨肄業於滬，徧參江浙名山梵刹，叩問諸大德。年十九在震旦大學卒業，決志出家弘揚大法。父母幼為訂婚，堅不娶，即於是歲禮本境靜安老和尚剃染受具。甫出家，精進勇猛，於佛前燃無名、小二指，並剪胸肉掌大，炷四十八燈供佛。並發三大願：一、不貪美衣食，樂修苦行，永無退悔。二、徧閱三藏一切經典，苦心參究。三、以所得悉講演示導，廣利衆生。後隨悟參法師，學天台、賢首、慈恩諸宗教義。年二十二，遂徧涖衆會說法講經，聽者如市。膺金陵之請，講楞伽法會，得參牛首山獻花巖鐵巖大德。上人往參問巖曰：「我今將妄念斷盡，不住有無，是明心見性否？」巖曰：「否！是無始無明境界。」上人問曰：「臨濟祖師說是無明湛湛，黑闇深坑，實可怖畏。是否？」巖曰：「是！汝不可斷妄念，用眼根向不住有無黑闇深坑，那裏返看，行住坐臥不要間斷，因緣時至，無明湛湛，黑闇深坑囫的一破，就可以明心見性。」上人聽此言，如飲甘露，由此用功，日夜苦參，形容憔悴，瘦骨如柴。至八月某中夜，聞窗外風吹梧桐葉聲，豁然證悟，時通身大汗，曰：「哦！原來原來，不青不白，亦不參禪，亦不念佛，亦無死生事大，亦無無常迅速。」信口說偈曰：「本來無佛無衆生，世界未曾見一人；究竟瞭解是這箇，自性還是自己生。」向窗外望，正是萬里青無雲，四更月在天，時上人年二十四歲。數日後再往見巖，將所悟稟呈，巖曰：

「汝證悟也，今代汝印證，汝可再將《傳燈錄》印證，汝大事畢矣，有緣講經說法度衆生。」上人今後講經，依照《華嚴經》：佛性恆守本性，無有改變，始終不改；佛性無染、無亂、無礙、無厭，不受薰染；佛性不起妄念，妄念從無始無明起；除卻止、作、任、滅四病，不斷妄念，用一念破無始無明爲主要。上人講經說法，皆從自性中流露出來，不看他人註解。後應川、湘、鄂、贛、皖、閩、粵、陝、甘、青、滬、平、津、魯、豫、熱、晉、京、浙、香港、澳門各處邀請講經，數十年無虛度日，講經數百會。性好遊，歷終南、太白、香山、華山、峨嵋、九華、普陀、五台、泰山、嵩山、黃山、武當、匡廬、茅山、莫干、嶼山、恆山、羅浮山等說法。每遊雲霞深處，數月忘歸。所到名山，必有詩對。善七絃琴，遊必攜琴隨身。遊華山時曾自書有《華山待月室記》。生平著作甚多，計有《大乘絕對論》、《大乘佛法用功概論》、《大乘八宗修法》、《大乘佛法簡易解》、《四乘法門》、《禪宗修法》、《禪宗史略》、《佛法大綱》、《月溪法師開示錄》、《用周易老莊解釋佛法之錯誤》、《佛教的人生觀》、《佛法問答錄》、《月溪法師講無始無明》、《月溪法師講念佛法門》、《月溪法師詞附詩》、《證道歌顯宗記註解》、《楞伽經疏》、《圓覺經疏》、《金剛經疏》、《心經疏》、《維摩詰經疏》等九十八種，凡千萬言，其功德之偉大，誠足稱矣。上人節操高邈，度量出羣，不應酬世法，性度弘偉，風鑑朗拔，雖宿儒英達，莫不服其深致。與海內宿儒江寧魏梅蓀家驊、醴泉宋芝田伯魯、閩海黃石蓀曾源、仁和葉任皋爾愷、番禺張漢三學華、吳玉臣道鎔、汪憬吾兆鏞、南海桂南屏坫、雙城翟義人文選、如臯冒鶴亭廣生、長安宋菊塢聯奎、餘姚章太炎炳麟、臨川李梅菴瑞清、吳興王一亭震、山陰朱子橋慶瀾、臨海屈文六映光、番禺金滋軒湛霖時有唱酬。上人所著書，皆能匯各家之旨趣，振百代宗風，本明心見性之真傳，要在破無始無明，以弘揚大法，使天下古今中外之理哲，皆能分別異同，有所指歸。若江漢之朝宗於海，發前人之所未發，言前人之所未言，使後之學者有所依歸，闡明義理，炳耀千秋。上人前在廣州重修大佛寺，備極莊嚴壯麗，和平後來香港，在沙田萬佛山建蓋萬佛殿、彌陀殿、天王殿、觀音殿、準提殿、韋馱殿、萬佛塔、羅漢欄等。自辛卯年興功，至丁酉年圓成，歷時七載，均親身參與擔鐵運石，造塑佛像，事必躬親。曾豎一指說法曰：「來本不來，菩提非樹，明鏡非臺；去本不去，上無片瓦，下無寸地。古今諸佛，皆在老僧指頭上放光現瑞，轉大法輪。」上人有剃染徒二：長妙相法師，丁亥年病逝昆明；次任內地某大學歷史系教授。徒孫六人，均在內地。悟道弟子八人：五台寂真尊宿、明淨尊宿、北平李廣權居士、上海周運法居士，餘四人均先逝，皈依弟子伍拾餘萬衆。上人自去年乙巳歲三月二十三日晚圓寂，趺坐入龕，嘗語其左右及弟子衆，其法體封龕入土，八箇月內便可將肉身請出，加漆鋪金，供奉寺內。同年十一月十七日，弟子衆撥土移墓開龕視察，即見五官俱全，鬚髮仍留，整體無缺，呈黃金色，燦然可觀，其生平苦修行持，戒律精嚴，於此可見。在此科學昌明時代，生活物質化之社會，與亞熱帶天氣之香港，而能有此奇蹟出現，真是六祖而後千餘年罕有之事，香港開埠以來今始獲睹，誠佛教界之光榮，亦吾港人之幸福也。今將於丙午年農曆四月初八日在萬佛寺彌陀殿陞座供奉，敬希海內及港九諸山大德，暨各界善信四衆弟子等屆時蒞臨，以觀厥成此一佛教界劃時代之盛舉，而創永恆之聖蹟也。

萬佛寺第二代主持胞侄　吳星達　謹撰

監察院專門委員總編纂　林德重　敬書

中華民國六十二年歲次癸丑十一月

佛教的人生觀

本來無佛無衆生
世界未曾見一人
究竟瞭解是這箇
自性還是自己生

一、原序

眾生雖萬類不齊，而有同具之情焉。其情為何？曰：「離苦得樂是也。」佛之成佛，與菩薩之為菩薩，其出發點亦不外是情。此釋迦世尊，既先以事行教化吾人矣，試觀其為悉達太子時，豈非因見有老、病、死、苦，而發出家求道之心乎？夫生、老、病、死是眾生皆有之苦，是最普徧而不能免者，而佛法均能了決之。故知佛法者，是出於至情，而為人生所本當需要者也。以方便言之，亦可說：「佛者，成就離苦得樂之事業者也，菩薩者為此事業者也。」是故我等凡夫欲了生脫死，出離諸苦，非依佛法修行不可。否則任汝有掀天揭地的奇才，隨汝立驚世駭俗的偉業；哲學家，任汝聰明尋求真理；宗教家，任汝熱誠信拜真神，終不能跳出生死苦海的範圍。何以故？根本在迷故，在迷而不自知故，忘本逐末故，妄執顛倒故，認假作真，以虛為實故，不內返心源，而向外馳求故。佛法是出迷啓悟，證真求實之學也。佛法不使人厭世，亦不使人樂世，惟教人認真識妄，不為世迷而已。而吾人之學佛法，實分內中最重要之事也。今者得在月溪法師座下聽受佛法，此善根未知從何生所種也！

法師講經在未開講之前，或先講人生的真義，以示此重要的切身的大問題，最值吾人之研究。而孔老莊墨諸先哲、程朱陸王等學派、耶回婆羅門各宗教，乃至一般文人傑士、歐西哲學所不能完全答覆者，而佛法可以美滿解決之。所以引起聽衆研究佛法之興趣，斯法師之善導也。或先講佛教唯心的人生觀，以示吾輩凡夫舉止語默、感覺憶念、思想起伏、清淨煩惱、起居飲食、應酬交際、大小事業、高下品格、善惡是非、喜怒哀樂，括而言之，全部生活都以吾人虛僞夢幻迷妄心識爲樞紐，莫不是妄心的作用，所以不得自在。吾人本有真心，不過爲無始根本無明之所蓋覆而不顯露，若依法修行，則無明可破，真心可見，一見真心即得究竟解脫，所以令聽者猛醒覺悟也。其中說明妄心如何構成、真心如何可證、中陰之測驗、無明之境界、學佛易犯之病、外道錯走之途，凡此等等，法師既一而再，再而三，苦口婆心，詳爲開示矣，其爲重要可知也。

爰敬述之如左，題爲〈佛教的人生觀〉。學者由是而學焉，則庶乎其不差矣，而法師慈悲度衆之願方不負也歟。至人生真義所示各家學說，前即有翟鏡銘居士筆記，茲故不贅。而各家之所以不究竟，人生觀亦有論及也。

弟子葉智尊敬述

二、佛教的人生觀

人生祇求衣食嗎　究竟應該怎樣呢

吾儕須知人生在世，其目的不是祇求衣、食、住而已。雖然此三者爲人生所必需要，士、農、工、商是我儕應該所操之業，但是吾人若祇知有男女飲食之事，士、農、工、商之業，則人之生活值等於牛馬之生活而已矣，是無意義、無價值矣。夫牛馬亦飲食，亦工作，亦住房子，亦生兒女，雖所飲食者不同，而能飲食則一也；雖所工作者有別，而能工作則同也。則與牛馬奚擇哉？孔子曰：「飽食終日，無所用心，難矣哉！」蓋人是有理性者，應有高尚思想，人爲萬物之靈，當有異於禽獸也。吾人除衣食工作諸事之外，尚有無窮無盡光明大道應當研究者，以解答人生真實意義。大衆當知，世間一切學問都是有窮有盡的，惟有佛教高妙的道理是無窮無盡的，是超過一切的，是徹底解釋人生真諦的，是大家本當研究的。

佛教所說的話是怎樣的　對於人生有沒有實用

佛教所講的話是切切實實、正正當當的，是人情上通得過的。佛字是印度音，即是中國覺悟的覺字。顧名思義，佛教當然是使人生起正信、破除迷信的；是說人的話，不是說神的話的（說神話如基督教言天主或上帝是獨一真神，創造天地者。又謂其教主耶穌是上帝獨子，為聖神降孕，由童女馬利亞所生之類）；是說生的話，不是說死的話的；是使人生前得受用獲利的，不是徒然用死後得好果報的說話，來引誘人信奉的（如神教所說之天國）。佛教所說的道理，是有憑有據的，是可修可證的，是人生上進的出路。

古人云：「人身難得。」倘若我人不向佛教的光明大道尋求出路，惟是終日營營役役，逐利求名，如是糊糊塗塗，醉生夢死，枉過一世，豈不甚可憐愍？大多數人以爲人生在世，由少而壯，而壯而老，由老而死，但求衣食豐足（祇作衣架、飯桶），過去數十箇寒暑便算了事。上者有才能本事，則圖謀多些錢財以爲誇耀，競取高些權位以爲光寵，如是而已。殊不知勢力金錢獨可矜炫於庸俗，榮華福樂終歸欺騙乎己身（是何異於糞內蟲中之大蟲），而智者見之，既不勝其憐愍矣。人們徒向物質方面而走，是愈進而愈退，愈入而愈迷，如渴鹿逐焰，愈逐愈渴。若能及早覺悟，從佛教方面研究上進的方法，方有真實的進化，依佛教找回人生本有的價值，纔不辜負此難得的人身，如此在世上生活，才算來這世間不枉走一遭了。有等人以爲在社會上，紛紛擾擾沒有意思，便逃入深山，享受清閑的福樂，隔絕塵世的煩惱，這種抱著「各人自掃門前雪，那管他人瓦上霜」的宗旨的人是沒有用處的，是等於死人一樣的了。世界是由我們衆生共業力所感召而成的，人人都有責任維持的，如同我們中國，我們中國人箇箇都應該顧愛的一般。佛教是主張積極救世的、爲公的、利他的，進而言之，惟有用佛教殊勝的道法，才能夠徹底的修身、齊家、治國、平天下的。大家祇要明白佛法的好處，照佛法來修行，就作農工、爲商學、當軍政、各界都可以做的、都要做的（祇要汝做好看的戲，不可做劣戲）。

佛教是唯心的學問　能徹究人生的真相　能打破人生的迷夢

剛纔說惟有用佛法，才能夠徹底的修身、齊家、治國、平天下。是甚麼緣故呢？就是因爲佛法的立場在根本上的，是在根本上來注目的；世間一切知識和學問，它們的根據地都是在枝末上的，不大徹底的（佛法如綱，世法如網）。佛法是在治本上用功的；世間學識如法律、政治等，大抵是在治標上做事的。所謂本者何？就是心呀！我們看看，世界上好的事、壞的事，和各種的物件、一切的建設，不是從心裏做出來的嗎？倘然我們不起心動念，沒有思想，那裏會去做出事情來呢？所以佛經說：「一切唯心造。」故此想治理國家、平定天下，必定要從治理人心著想，由改造心理入手才有把握的，才是根本的辦法。能使人心善良，最有功效的、最美滿的莫如佛法。

還有一層，我們從外面感覺的事物、遇著的環境，都是我們的心助他成功才有的。啊喲！我們的心有這多麼的本領嗎？是的。我今說一箇譬喻：我們夜裏睡覺，在夢中知道有我，看見有人，其中有相識的、有平生未曾見過面的；有時遇著順的事歡喜笑的，逆的事悲哀哭的；有時又會看見山、看見水的，其中有到過的，和沒有到過的地方的。我們箇箇都知道，夢境裏人我順逆的事、山河大地的物，是夢心造出來的，是幻化虛假的，但是我們做夢時不會知道是夢的，等到醒來才曉得的。我們看看，儼然的夢境，無非是夢心的作用，現在我們歷然有的世界，也是我們衆生心識現出來的，恰似夢境是夢心造出來的一樣。佛典說：「三界唯心，萬法唯識。」就是這樣的意思。

上面所說，內而思想，外而感覺，一出一入，萬事萬物，總屬心的範圍。那麼心對於我們這樣的關大，是不可以不考究的。佛法是唯心的，佛學的焦點是在心的一方面，所以是最妥當的、最靠得住的。故此專用唯心的佛學，來透透徹徹的參究觀察人生內容裏面的真相，到底是甚麼的一回事？怎樣來立人生唯一的標準，求美滿的出路，達究竟的境界？這就是導論唯心問題，講佛教人生觀的宗旨。

苦樂從何而有

人生在世有苦有樂，人人都說苦樂都是從身子和環境而來的。不錯！但是木石和死人的屍骸，也有他的身子和環境，爲甚麼沒有苦樂呢？就是因爲木石是無情的死物；死人的屍體，因爲他的心已離開了他，所以不知苦樂。我們現在瞭解，苦樂要經過心的知覺和主張才成立的。

我們的心在那裏呢

心這件東西是甚麼呢？多數人都曉得是虛靈活潑的精神，不是呆笨無知的物質。但是心在那裏呢？恐怕這箇問題，不知道怎樣的答覆。在胸腔裏面的，形如杏仁、色似蕉蕾的肉團心，當然不是我們所導論的心了。

大多數的人會說：「心是在身子裏面的。」但是心是明白了知的，爲甚麼裏面的東西我們不看見？臟腑的情形我們不曉得呢？在內的答覆是不對了。若果說心在身的外面，那麼肚子的飽餓，我們怎樣能夠感覺呢？所以說在外也是錯的。

或有人說：「如此心必定是藏在根身，如眼、耳等感官的中間了，所以眼睛見物，隨即分別知道。」若果這樣說，心在眼根裏，爲甚麼不看見眼呢？故此說在根中還是不合。

又有人說：「心當在塵境，如目之於色，耳之於聲，和合之處而生。因爲心隨境有，景見情生，此說合是。」這樣解說，還要辯問。心從內出，抑從外入？若從內出，還見身內；若從外入，當先見面。今二俱否，在境之說，何由成立？

講到這裏，一定會有很多人辯著說：「能夠看見的是眼，能夠知道的是心，所以不可以說心能夠看見的。」哈！汝看死了的人，他的眼睛還存在的，何以不會見物呢？當知眼睛於心猶如工具於手然（心不在焉，視而不見。眼祇司視，見還在心）。

我儕之心了不可得　豈無心乎

如上所論，心之所在內外俱非，塵、處、根中二皆不是，縱使再事推求終亦了不可得。然則我儕將以何物爲心乎?若云以思想爲心，即茲追尋心之所在者是，則思想有無邊之數，而心體有無量之多耶?一身多心何可說也?假言思想是用而非具體，思想滅時體存何處?如無自體，即是非心。

啊喲我們的心原來是假的嗎

這樣看來，我們的心是髣髣髴髴的、杳杳冥冥的、生生滅滅的、糊糊塗塗的。爲甚麼這樣的呢?就是因爲這箇不是我們的心呀!這箇心是虛假幻化的。雖然是假，但是我們自己不知道的，以爲是真實的，就好比夢裏人不曉得自己是做夢的，以爲所夢見的是實在的一樣。我們本有我們的真心，但是我們未曾看見。現在先將我們的假心講得清楚，然後再將我們的真心導論明白，我們真假要分的。若果不相信現在所用的心是假，那麼就沒有證得真心的日子了，如同睡夢人永遠沒有醒覺的機會一樣了。

假心如何構成怎樣組織

四部六根　舊學家叫它做心，新學家叫它做腦筋(不是指生理等學所講的神經系的腦髓，這箇有色質的，會壞去的東西，不過也是如眼、耳等同為一種工具，為重要的總器具就罷了）。我們的腦筋是怎樣構造和組織的呢？就是由裏面的見、聞、覺、知四箇部份和外面的眼、耳、鼻、舌、身、意六種根身（新學家所用的名稱為感覺器官）合成的。眼睛（視根，新學稱他為視官）所看的，入見的部份；耳朵（聽根聽官）所聽的，入聞的部份；鼻子（嗅根）所聞的、舌頭（味根）所嚐的，和身子（觸根）所感覺的，入覺的部份；意思（念根）所想念的、所知道的，屬知的部份。

六塵八識　和六根對著的東西叫做六塵（塵就是塵垢、有污染的意思。根屬內身，塵為外物）。和眼根對的叫做色塵（有顏色和形狀的），耳根的是聲塵，鼻根的是香塵，舌根的是味塵，身根的是觸塵（即冷暖澀滑等能用皮膚觸摩而知的物性），意根的是法塵（法就是方法，即是用見解來分別物的長短、好醜，事的善惡、是非，如同用尺度斗量的方法，來測驗物數的多少一樣）。

六根對於六塵的作用（注意作用二字是方便借用的，不是科學所講的、唯物的所謂生理作用的作用）叫做六識（認識的識，有曉得和能夠做的意思）。能夠看東西的是眼識（新學叫做視覺），能夠聽聲音的是耳識（聽覺），能夠聞香氣的是鼻識（嗅覺），能夠嚐味道的是舌識（味覺），能夠感覺溫冷痛癢的是身識（膚覺），能夠分別知道的是意識（心理學又稱它為心象）。眼、耳、鼻、舌、身五種的識叫做前五識，意識叫做第六識（心理學所講的祇此六識，而無下二種）。還有第七識叫做末那識，第八識叫做阿賴耶識（二種詳下）。我儕的心有這樣方便的分解，析爲八識，其實不可以分開的，所以又總稱它叫做心識。

七識八識略解　「末那」兩字是印度音，中國譯爲「傳送識」。它將眼、耳、鼻、舌、身、意六識所覺知的事物，傳入到見聞覺知四部份裏面去；或將命令送給意識，轉交前五識來去做事，所以得這名稱。「阿賴耶」譯爲「藏識」，內面的見聞覺知、外面身子所做的、嘴巴所說的、意思所想的、一切善惡事業的種子（即所謂因素，如因還變果，如種生芽）都包含藏在這識之中，故此叫做藏識。

各識的再說明　我們為甚麼會記得舊時的事情呢

我們的心識是怎樣的構造，前頭已經說完了，現在將各識的性質和功用再說明一下。前五識祇有感覺而無知覺。比方眼睛看見青山，祇有青色的感覺，沒有青色的知覺，也沒有大小方圓的分別，更沒有這是山的見解（不帶名言），等到意識得了它的報告（科學所謂神經報告），才有以上種種的知覺的。耳朵所聽聲音的高低、鼻子所聞氣味的香臭、舌頭所嚐口味的甘辛、身子所穿衣服的輕暖都從意識來辨別的，但是六識種種的執著，又以七識先天的成見爲基礎。七識「末那」，又譯做「執我識」，我們分辨汝我人物，就是這識的成見。第八「阿賴耶識」，又名「含藏識」，此識內的根身、外的世界，無一不包涵的（即耶教所信拜的至高至上、萬權萬能、無所不知、無所不在、獨一無二、創造天地萬物的大主宰，亦在此識範圍之內，為其六、七二識所造成的相分中的無形偶象）。第七傳送識將所有由前五識所得來的印象，都搬入八識裏面的見聞覺知內頭去，或又將它再搬出到第六意識裏面來，我們能夠記憶從前所見聞的事物，就是因爲這箇緣故。這樣看來，阿賴耶識一方面對於末那的傳入送出，就好比棧房一樣；一方面對於業力的種因結果，就好比田地一樣。各識的大略情形就是如此。

幻想是六塵的影子　妄念為五陰之作用

因緣所生　我們要曉得，我們的腦筋完全是從因緣合攏得來的。怎樣叫做因緣呢？因是一件事物的主因（不說主者，互為因，互為緣，畢竟無主故），緣是成就事物的助緣。譬如說，這張桌子是因緣所生的，想做桌子的人就是因，工作、器具、木料等就是緣。或者說，田中的禾稼是因緣所成的，稻種就是因，人工、肥料、泥土、雨水等就是緣。世間一切的事物，沒有一件不是因緣所起的，統統都沒有自己的體性的。我們的心思也是假和合的東西，就是以眼、耳、鼻、舌、身、意爲因，色、聲、香、味、觸、法爲緣。比方眼看東西，眼看爲因，東西爲緣。見了之後，就起種種的念頭，生種種的見解，想著這是甚麼、是怎樣的、好看不好看、我喜歡它不喜歡它。凡此等等思想，都是因緣合成的。

心因境有　我們每天所起的思想，莫不是導源於外境的感覺，所以說心本無生因境有。思想停息時，就不覺得有所謂心；思想紛起時，就可以說得出我的心現在思想甚麼，沒有思想就沒有心了。但是這箇心思，都是從外面得來的，看見甚麼就有甚麼的思想，聽聞那樣就有那樣的念頭，遇著順境就生歡喜的心，遇著逆境就生惱怒的心，這箇道理人人都明白的。

六塵緣影　這箇心既然是從外緣生起的，那就當然不是我們本來自己有的真心了。這箇不是我們的心，是甚麼呢？是虛假幻化客塵的影子呀！不過凡夫在迷，妄將它作爲自己的心罷了。好比鏡子，以映在裏面的物象爲自己的身相一樣。佛經說：「妄認六塵緣影爲自心相。」就是說衆生有識無智，將眼、耳、鼻、舌、身、意攀緣色、聲、香、味、觸、法所得客觀的印象，作爲主觀的心，這是不對的。雖然六根是我們要用的，除非死了才可以不用，思想也不由汝不起的，譬如肚子餓時就會想喫飯，身子凍時就會想穿衣，但是祇要知道這些喫飯穿衣的思想都是妄識，不是真心才好。

五陰熾盛　我們的腦筋受著外界的刺激，就纏聯不絕的起著思想，一念剛止，別念又來，這念未離，那念重到，恰似海面因風而起波瀾一樣，一波未平，一波又起，一浪纔落，一浪再興。有時思想起得很厲害的，要將它止住不起是不容易的，因爲有生來就有的（先天的習氣）五陰的種子埋伏在裏面，時時會起作用的緣故。五陰或五蔭，又叫五蘊（又叫五眾），這三箇字都有蓋覆遮藏的意思。就是說這五樣事情，是矇蔽我們的真性的。是那五樣呢？就是色、受、想、行、識（頭一種是色法，科學所謂自然界現象；下四種是心法，所謂心理現象）。色，是衆生迷惑執著的眼、耳、鼻、舌、身五根（為我）和色、聲、香、味、觸、法六塵（為我所）；受，是受納所迷的色在心；想，是心爲所容納的東西所轉而起思想；行，是心爲所念的事情所牽動而遷行不息；識，是認識、見識，就是分別那種種東西、種種境界、這樣好、那樣壞的心。有了這五陰，就自然而然生起那貪愛、瞋恨、癡愚三種壞心來了。五陰迷惑人，像乾柴引火一樣，容易造出業來。所以用「熾盛」兩箇字來形容它的猛烈，好比火勢旺得這樣厲害。這就是五蘊約略的解釋，也是妄心的情形。

心思聰明不外想相相想　順逆得失無非欺自自欺

想相相想　我儕受著五蘊的驅使，六識、六塵互爲因緣而起思念（《楞嚴經》云：「由心生故種種法生，由法生故種種心生。」）。由此所得印象甚多甚多，此種印象統稱爲想相相想。例如眼見一物而得其形色大小，耳聞一事而喻其情狀層次，此從外界而入之印象謂之想相（新學稱為感覺影像）；他時回憶此等事物，此由內界所起之印象謂之相想（記憶和想像）；又如幼年讀書和學藝所得知識爲想相，壯年做事業所用學問或技術爲相想。

聰明魯鈍　印象（無論得之先天或後天）多而複雜者，爲聰明之人，少而簡單者爲魯鈍之人。世俗不察，以爲聰明本事是了不得的東西，豈知聰明蠢笨但是假名都非實體，縱有絕世聰明，皆爲末那傳入送出塵垢的虛影；驚人才智，無非假合內因外緣構成的妄心（顏居士說：「妄想如垃圾，末那似挑夫。」）。

事業大小　印象多而富於相想者，則做大的事業，擔當多些事情；印象少而貧於相想者，則做小的事業，擔當少些事情（盛器容量深廣則載多些東西，容量淺窄則載少些東西，不外如是而已）。豐功偉績，不足爲奇（昔禹治水有功，不自矜伐。舜美之曰：「汝惟不矜，天下莫與汝爭能；汝惟不伐，天下莫與汝爭功。」）；豪傑英雄，何堪誇耀（英雄不自為英雄，是因緣時會的產物）？當知才略聰明不過前塵相想，功勳事業都是翳眼空花。

身心都假　我們現在明白，這箇腦筋無論精巧蠢拙，都是客觀的、虛假的東西，不是我們的真心。講到這箇身子也是不實在的、過渡的東西，更不是我們的本體，不過是地（俗學所謂固體）、水（流質）、火（煖氣）、風（動力）四大（凡物皆有故名大）和合的假相，四大分散時，骨肉歸地，膿血歸水，煖氣歸火，動轉歸風，這箇身子就完全消滅沒有了。雖然各有各的身子，但是誰也不能自己作得主的，四大不調就病，四大分解就死（想不病偏要病得厲害些，想不死偏要死去早一點），所以這箇無情的肉體也是客觀的東西。

名利為誰　剛才講了，身心都是假的，雖然是假，但是要呢還是要的，不要是不成功的（祇要善利用它）。我們生在世間，身心是正報，衣食住等和眷屬親戚、朋友社會、國家世界等爲依報，這些都要維持的。各人都要量自己的力來做事情，有多麼大的力量就做多麼大的事業，但是不可錯認自己的身子是究竟的東西，來自私自利損害旁的人，翻轉來還要虧己利他的。這樣就做小的事業也好，做大的事業也好，做平民也好，當大官也好，都是無得無失的，如此這箇世界，壞的就會變好的，亂的就會變治的。惟獨是衆生，偏偏如佛經所說，妄認四大爲自身相，爲著這箇會壞的肉體，生起貪、瞋、癡的壞心，造出殺、盜、淫的惡業來，各逞自己的機謀，彼欺此騙，汝詐我虞，爲利爲名，相爭相奪，顛倒成敗榮辱之間，迷惑勢力金錢之內。在財利，願爲石崇之豪，或效陶朱之富；在名聲，不能流芳百世，亦當遺臭萬年。此財此名謀得如許辛苦，看得這樣高大，到底是爲誰呢？爲自己嗎？爲兒孫嗎？名利爲汝身而有乎？抑汝身爲名利而有乎？內有的身心尚屬虛假，況外來的名利豈是真實乎（莊子曰：「名者，實之賓也，吾將為賓乎？」在佛教觀之，不但是實之賓，而乃賓之賓矣）？即使利盡天下，享用幾何？名蓋世間，能傳幾載？口氣不來，一文莫帶；蓋棺定論，毀譽由人；黃金纍纍，堪作敗兒折墮之因；大名鼎鼎，豈爲朽骨光榮之用？當知財利爲無常外物，聲名乃予奪由人，況且勢位富厚但足以欺愚人，而不可以罔智者。

生於汝意　禍國殃民遺臭萬年，當然是不應該的，福國利民流芳百世，當然是應該的，但是縱使做到流芳百世的地位，也不算是希奇的事。須知世間一切名目，都是騙人的東西（莊子曰：「呼我為馬者，應之以為馬；呼我為牛者，應之以為牛。」此雖屬於放蕩不拘的偏見，亦可為破世人迷執之一助），不是叫汝不做流芳百世的事業，不過叫汝不可被這箇名字所愚弄，好像王莽、桓溫一般。我們看看，多數的人擺架子、撐面光，不是做富貴名目的傀儡嗎？又如很多的人，得人家稱讚一句，就非常的歡喜，聽見有人用平常的名目來稱呼他就不滿意，以爲這樣稱呼不配他的身分。哈！殊不知世間事物雖是千差萬別，其實都是虛假的現象，本來没有名稱的，不過衆生安它一箇名字罷了。譬如說，這是好，那是不好；這樣是得意，那樣是不高興。這些好醜得失都是從意根造出來的，意思說這樣是這樣，本來安了一切的名字也是不要緊的，獨是可惜世人，往往爲名字所轉，將名字來自己欺騙自己。那好名的人希望流芳百世，和小孩子穿一件鮮艷的衣裳，來給人家稱道他長得好看，就好了不得的寫意，有甚麼分別呢？也是無非自家來騙騙自家呀！

標準何在　大衆當知，是非得失、順違苦樂，都是衆生的妄想，不是真實的東西。所謂英雄造時勢、偉人創大業，無非是末那識搬入搬出的想相相想。在迷的衆生莫不爲想相相想所顛倒、所欺騙，惟是各人所得的想相相想不同，所以有時各人的意識見解有別。甲以爲是的，乙就以爲非；丙以爲樂的，丁就以爲苦。很没有標準的。甲說：「遊山玩水是快樂的事情，尤其是在春末夏初，大雨滂沱的時候，這種趣味難得難得。」乙說：「跋涉山川非常苦楚，道路崎嶇，加之大雨，苦何可當？」丙讚打毯快意，丁歎游水稱心。至於是非得失的主張，更加說不盡的差別了（《淮南子》曰：「天下是非無所定，世各是其所是，而非其所非。」）。

相對不實　衆生的想相相想雖然千差萬別，但是可以用兩字來包括它，就是「相對」這兩箇字。若果相對，當下便是假了。怎樣叫做相對呢？就是互相對待而有，相因而生（麤而言之，譬如一物除了它的顏色、性質、分量、形狀等等條件之外，就一無所存，而此諸條件又與他條件互相對待而顯，且每一條件中又有他的條件互為因緣而成就它），不能獨自有、獨自成立的。沒有自性、沒有本體的世間萬事萬物，無一不是相對的。有大就有小，有長就有短，有上就有下，有多就有少，有始就有終，有生就有死，有善就有惡，有是就有非。沒有愁苦，那裏有快樂？沒有蠢笨，那裏有聰明？沒有平民，那裏有大官？沒有庸人，那裏有豪傑？有小人，才有君子；有貧賤，才有富貴。各種差別、各種階級都是互相顯彰、互相成就的。順境是逆境所成就的，得意是失意所顯彰的。由此衆生跟著差別的萬事萬物來走，循環不息，但是統統都是不真不實的，都是自己來騙自己的，都是衆生的虛妄相想，譬如夢境所現的千差萬別都是夢心所爲。

樂未必樂　苦就是苦

苦多樂少　上邊所講，世間千差萬別的事情都是不真不實的，但是我們凡夫在迷夢之中，不能不受它支配的，如作夢人要受夢境支配一樣（夢裏明明有六趣，覺後空空無大千）。我們生世間上有苦有樂，快樂多呢？還是痛苦多呢？當然是痛苦比快樂多得很。箇人之中，憂苦的時間多過安樂的時間；羣衆之中，受苦的人數多過享樂的人數，尤其是在今日的世界。

樂假苦真　這箇世界樂少苦多還不算，就那少的樂還是假的呀！雖然苦樂相對，苦本來也是假的，但是苦是假，那麼樂就是假中的假了。何以故呢？一、樂爲苦因。風流折墮，世俗都會說了；興盡悲來，文人也會寫了。可知樂即是苦。二、樂中有苦。享的福樂這樣多，就有這樣多的憂苦發生的。譬如多財是樂，但是有些窮子會謀算汝的，汝便憂愁了。三、樂待苦顯。沒有受過痛苦，就不知道有快樂。譬如富家子弟，生來就養尊處優，已不曉得貧窮的苦楚，也不覺得自己是享福的。四、樂久生厭。譬如一箇人說做到某地步、達到某目的，那就安樂了。等到既然得償所願，日久就不覺得是樂，或者反以爲苦了。五、樂無標準。知足的人，反多些安樂的日子。那些恣情縱欲、利樂物質的人全無饜足，得了這樣又想那樣，不知道他既然被物縛住不得自在，莫講難遂其欲，徒增抑鬱，即使得遂亦無止步的。究竟怎樣才算他安樂的地步呢？名叫享幸福，實在就是自造枷帶。

八苦普徧　觀察起來，樂未必樂，苦就是苦，最普徧的苦，肉體上有四，精神上有四。肉體的是生、老、病、死；精神的是求不得、愛別離、怨憎會、五陰盛。生苦，就是住娘腹和出娘胎時的苦，經過產門時，猶如被兩座山夾著一般，落地時，恰似從山上跌下來一樣，所以小孩子生出來就哭的。這苦人人都受過，但是箇箇都忘記了；老苦，年老就會受的，看他行路艱難，飲食不易，眼矇耳聾，諸多不便，就知他的苦了；病苦，人人都難免的；死苦，世間的人誰也不能免的，四大分解時百苦交煎，傍的人都可以看得出死者的苦的；求不得苦，就是所求不遂，所願不所，所爲不成的苦；愛別離苦，是和親愛的眷屬戚友等生離死別的苦；怨憎會苦，是不想和他相見的仇敵冤家等，偏要無意中和他相會著的苦；五陰盛苦，五陰前邊既講過了，是苦惱的根，就是迷迷糊糊，觀想不停的苦。

無量諸苦　上面所講的八種苦，不過是普通的苦，還有其他的，那就說不盡了。譬如有成就有壞的苦，有盛就有衰的苦，有譽就有毀的苦，有得就有失的苦，有福就有禍的苦，有利就有害的苦，有水旱等天災的苦、有賊兵等人患的苦。世界上難找沒有苦的人，但是世人往往以苦爲樂，樂明明是假的，他就認作是真，苦明明是有的，他不肯求出離。所以這箇世界，叫做娑婆世界，「娑婆」是印度音，即是中國「堪忍」兩箇字，意思是說這世界的衆生，頗能堪當忍耐痛苦。

怎樣安心立命呢　各家的主張

世界既如上面所講苦多樂少，樂假苦真，有甚多的人因爲被苦樂所迷、環境所轉，遇著失意就覺無生趣，有些打擊或竟然自殺，汝生不能解決，死就可以了事嗎？這很是可憐愍啊！我們衆生大抵非貪則瞋，非瞋即癡，這三種東西是煩惱的因、苦樂的來源。但是這三種毒都是腦筋有的，那麼腦筋是欺騙我們的了？不要它嗎是不可以的，要它又被它欺騙了一世。就算了嗎？也是不對的。如此怎樣來找箇安心立命的標準呢？現在略將各家的主張導論一下（法師舉了十多派來講，這裏不過將其中最有勢力的三家列出，其餘無庸再述）。

婆羅門教（即印度宗教，既盛行於釋迦牟尼佛降生之前，或謂猶太教及耶穌教均由此教脫胎而來）說：「人類本生在天上大梵（梵是淨的意思）天王那裏的，祇因有了愛欲才墮在凡塵，故此想超凡入聖必須斷除愛欲，若能精持淨戒洗脫污染，就可以恢復本有的神我，再爲大梵的兒子，和他合而爲一。」

基督教（基督譯即受膏者，教主耶穌猶太國人，計生於西漢平帝時代，其地當日習例凡為王者必受膏沐，耶穌自稱為猶太王，故曰「基督」自謂所王之國乃在天上，非屬地下）說：「人是上帝所造的，始祖本來在樂園中生活的，祇因他違了上帝的命，上帝就降罰他艱辛度日。至到今日，人人除掉本身的罪，還有元始的罪，所以要倚賴耶穌贖罪（謂他當日在羅馬皇治下為猶太人，釘在十字架上受苦流血，乃代衆贖罪），祈禱上帝賜福，死後可以升天，做上帝的子女。（回教是阿拉伯國人穆罕默德摹倣耶、猶二教而創的宗教，不必另述）

世界各國的宗教和學說各有各的主張，就是因爲他們的見聞覺知各有不同的緣故，統統都是想相相想。現在將以上所列舉的略爲批評。

據婆羅門教所說，因起愛念而降凡間，斷絕愛念再回天上，那麼返了天上之後不難再生愛念又會降落了，如此反反覆覆的降下升上有甚麼意思呢？若說返上之後不會再生愛念，這是靠不住的。何以故呢？若果不會再生愛念，就始初的時候也不會生愛念的。爲甚麼始初又會生呢？已然始初會生，就難免第二次再會了，所以這箇辦法不是妥當的。

耶教所說的上帝是杳杳茫茫的，上帝究竟有無不得而知，沒有人見過上帝，也沒有甚麼憑據來證明他的教民死了升天的。就好比在黑房子裏面捉貓一般，黑貓有無是一箇問題；能夠捉得到嗎？又是一箇問題；捉到可以證知牠是黑貓嗎？又是一箇問題。說天地萬物都是上帝所造的，那麼現今世界有人滿之患，何以上帝不再多造一箇地球，來分容過剩的人口呢？至說遠祖犯罪禍及今日的人，上帝就太過暴虐了，法律昌明的國家，尚且罪不及妻孥呢！講到升天享福，世間的福不要，爲甚麼又要天上的福呢？莫非在那裏又來喫好些、穿好些嗎？這樣的享享福有甚麼意思呢？到底又怎樣呢？況且生前不能夠確實知道，死後就可以有把握嗎？這樣的糊糊塗塗信下去是不對的。

上面所講的是外國的宗教，至若我們中國，就有孔子的禮教。孔子尊爲萬世師表，所提倡的仁、義、禮、讓、孝、弟、忠、信，當然是爲人的基礎，我們都應該行的，是平常的事。不過孔子除了主張我們要做到一箇君子好人之外，也未曾示我們一箇究竟的標準。（老子下面有講）

所講各家的主張，可以給它下一箇總批評，就是統統都是相對的，不是絕對的。婆羅門教的淨染相對，聖凡相對；耶教的上帝魔鬼相對，天堂地獄相對；儒教的善惡相對、君子小人相對。相對就是不徹底、不究竟。

介紹本師釋迦牟尼佛

我們仔細思量，就會覺得這箇世界是有苦無樂的。在苦的地位，固然是苦；即在樂的地位，又有壞的苦；在不苦不樂的地位，就有無聊無味的苦。這樣看來，苦亦苦，樂亦苦，不苦不樂亦苦，我們若果覺悟這箇世界無常的苦，那就應當尋求出路了。但是世界的宗教學說紛紜，莫衷一是，我們沒有智慧的凡夫要審愼揀擇，不可隨便妄信盲從來自誤誤人的。譬如瞎子，要得明眼的人來引路才不會走錯的，若果以盲導盲，就會相牽入火坑了。我們無論聽誰人所講的道理都要問問，所講的人情上通不通得過，徹底不徹底，應當思量比較來研究一下，不可以人云亦云，糊裏糊塗的這樣，要擇最妥善最殊勝的來信從才好。

上邊已經講了，各家的見解都是不徹底的，現在我開始講佛教的主張了。但是在未開講之前，我先將佛教教主略爲介紹一下。

佛教的教主就是釋迦牟尼佛，現今在殿上中間坐著這尊像就是了。佛教本來很古很古就有的，不過釋迦佛重新再將它振興起來罷了。佛在我們中國周朝的昭王二十六年四月初八，在中印度迦毗羅衞國的王宮降生，父王叫做淨飯王，母親叫做摩耶夫人，佛做太子時名叫悉達。他在國城裏面遊行，東南西北四座城門都到過，就看見了人家有病的、老的和死的，因此感覺到人生在世，雖貴爲天子富甲天下，也不能夠免脫這種的痛苦。最後遇著一箇出家人，纔曉得有了生脫死的妙法，由此就發心出家去修行。從十九歲出家起，修到三十歲，在臘月初八夜，明星出了的時候，在菩提樹下就得了道成了佛。後來就在各處演說佛法，教化世人，直到七十九歲入滅。

佛教究竟的宗旨　見性成佛

講到佛教又怎樣的主張呢？佛告訴我們，凡是有情的衆生，統統都有佛性，箇箇都可以成佛，成佛就是佛教的目的。佛性就是我們的真心，徹悟真心就是成佛。佛字是印度音，中國話叫覺者，但是佛的覺是絕對的，不是對迷信而言的覺，是本來有的自性的覺。

我們的佛性在那裏呢？就是在我們的腦筋裏面呀！爲甚麼我們看它不見呢？是因爲被種種的煩惱所覆蓋的緣故。腦筋譬如金鑛，佛性譬如鑛内的金子，金子不顯露出來就是因爲有泥砂等雜質遮藏的緣故，這些雜質就好比煩惱一樣。煩惱從甚麼地方來的呢？我往下去再講。

要得金子，就須把金鑛來鍛鍊；要見佛性，就當照佛法來修行。怎樣的修行才可以明心見性呢？讓我慢一步再講。金鑛銷成了金子之後，不會再變爲鑛了；衆生成了佛之後，也就永遠不會再變做凡夫了。我們的佛性是無始無終的，譬如金子，在鑛還沒有鎔銷的時候就已然有的了，鎔鍊了之後，金子的性質也永久不會變壞的一樣。

證悟真心有甚麼好處呢？當然是有絕大的利益。就是得到神用自在，常樂我淨的境界（現在我們凡夫的境界，就是觀心無常，觀受是苦，觀法無我，觀身不淨）。我今說一箇譬喻：腦筋好比一頭牛，佛性好比一箇牧童，牧童不在那裏，牛就會踐踏人家的麥田、喫人家的菜蔬，農夫看見了就會來鞭打牠，牛就要受痛苦了。我們沒有看見我們的佛性，就被腦筋來作主，受它愚弄，時時刻刻爲萬物所轉，所以受種種的苦惱；見性之後，我們就有佛性來做我們的主人翁，不但不被腦筋所支配，反能夠支配腦筋，不但不爲萬物所轉移，反可以轉移萬物。佛的威光一照，從前的貪、瞋、癡都變爲戒、定、慧了，那裏還有煩惱來作祟呢？就好比有牧童來做牛的主人，牛就不會踐麥喫菜乃至受苦一樣。腦筋會騙我們，我們的佛性不會騙我們，所以不同。

大地上面鋪滿了黃金，它也不生歡喜的；塗滿了糞溺，它也不生惱怒的。我們的佛性也是好似大地一樣，能夠容載萬物的，痛苦來也好，快樂來也好，都與我們的本性了不相干的，佛性是如如不動的。

佛性也是我們的真身，又是宇宙的本體、萬有的實相，所以又叫做法身（法字的解釋：所有東西、一切事情、各種境界，凡是嘴巴說得出的、思想中有的，統統都叫做法）。法身在時間是無始無終的，在空間是無中邊的。

我們的肉體在真身上來看，就如同一點浮漚在大海中一般，那有甚麼窒礙呢？我們若果證得金剛不壞的真身，就達到大清涼、大解脫、究竟快樂的地位，一得永得，一了百了，還有甚麼好得過呢？

佛為法中王　是法平等

以上所講的不過是把佛教究竟的目標略為提及一下，既得見佛法的殊勝處了，我們看看，還有甚麼比得上佛法呢？世間一切的哲學、各種的宗教，都望塵弗及的，所有的道理佛都說過了，用不到我們從新發明的。世界上古今中外的人，任他們有怎樣大的智慧、怎樣多的聰明，所說的話還高得過佛所說的法嗎？講到這裏，我就將佛當日折服外道的故事，說給你們各位聽聽。凡讀歷史研究世界文化的人，都知道印度開化最早，在佛未降生之前，哲學、宗教都已發達。直到今日，歐美研究哲學、宗教的人，必以印度學說爲基礎，可見當日印度文化之高了。當時佛在該地應世度生，佛的大弟子迦葉、目連等，原來都是外道著名的教主，他們還沒有皈依佛法的時候和佛談論，說他的主張「不落二邊，不著有無」。佛就辯他道：「不落二邊是騎牆的話；不著有無，到底是有，還是無呢？」他們纔知道自己不對，請佛開示正道。佛告訴他們說：「汝根本上就錯了，所說的話都是腦筋的相想，不是真心。我們本來有妙明自性，不爲一切所束縛的，若果了悟我們的圓覺真性，就說有也好，無也好，亦有亦無也好，非有非無也好，隨便甚麼都不能立足的。」他們聽了佛說之後，就從佛學道。又有一次，有一位外道，他的學問很高尚的，有很多人佩服他的，來到佛說法的地方，想和佛辯論爭箇高下，佛就問他道：「汝以甚麼爲宗呢（宗就是最高的所在，能以一統一切的）？」他說：「一切法不立。」佛反問他說：「此法還立否？」他就不能夠答了。因爲這時他已經曉得，所說的話到底是自相矛盾的。若果說這句「一切法不立」的話是成立的，那麼這句話也是一箇法呀！這箇法已然成立，爲甚麼又說一切的法不成立呢？若說不成立的話，那麼他所立的宗就不攻自破了。他初時以爲這一句話就可以把佛所說的法完全推翻的，不料他自身立腳不住，反先倒地了。

聽了上邊所講，便知佛的辯才直截簡明了，但是這還不是佛的智慧呀！佛的智慧沒有衆生能夠測度的，惟有佛和佛纔可以知道的，雖然了知但是不可以用語言文字來形容的。智慧兩箇字，印度音就叫做「般若」。

佛智雖然是這樣的了不得，但是我們箇箇都本來具足的，是甚麼呢？就是人人都有的佛性呀。佛性祇有一樣，沒有兩樣，人人的都是一樣的，不比腦筋、沒有標準的，十箇人就有十箇的不同，百箇人就有百箇的分別。佛性雖然在成佛的聖人，不增加多少的，在最迷的衆生，不減損絲毫的。所以《金剛經》說：「是法平等，無有高下。」

佛性是最高無上、至正不偏的極點法則，印度音叫「阿耨多羅三藐三菩提」，譯即「無上正等正覺」。這箇覺道不從外求，不做作的，是人人具足、箇箇現成的。證得無上菩提的善知識，他們的知見都是相同的、沒有差別的，所講出來的道理都是正正直直的、光光明明的，不容有些許委曲曖昧的。大乘佛教的極則，不說神、不談鬼，專講佛的，不主張人信旁的東西，單使人信這箇佛性，所謂第一義諦是真實的。學法的人，這樣的信佛纔是正信，否則都是邪信了。

佛性是我們的本來面目，我們證見佛性，入佛的知見，得佛的智慧，覺悟一切都是平等，這樣就是出離世間的苦海，達到彼岸的樂境，印度音叫「般若波羅蜜」，就是智慧到彼岸的意思。得佛慧就是還我們的本來面目，登彼岸就是歸我們的故舊家鄉。

佛應化世間，用徹底的覺法來普度衆生，是爲真實的救世主，衆生若不相信，不獨辜負佛的慈悲，尤其是對不住自己。佛應世的本懷是要衆生都成佛的，說法四十九年、談經三百餘會都是衹爲這一件事情。我們若果信有他佛，信有自性佛，信自他不二，照正道來修行，那就人人都可以成佛，箇箇都能夠做到和佛一樣。

成佛這件事是靠得住嗎

佛道的高尚剛纔既講了，但是衆生成佛這件事是有的嗎？我今單講中國，自漢明帝佛法入中國以來至到今日，成佛作祖、明心見性的人很多很多，都是有書史可考的。若果祇有釋迦牟尼佛一箇人纔是成佛，沒有第二箇能夠做到的，那麼我們就可以不相信他了（耶教徒不能做到耶蘇，回教徒不能做到穆罕默德。佛教徒不能成佛，那麼佛教就沒有意思了，和世間的宗教有甚麼分別呢？若果成佛這件事是假，佛就祇說那因果輪迴的道理來警醒世人勸善止惡就夠了，又何必再說這高深的法呢）。須知歷代的祖師和善知識都是這樣說的，沒有一句狐疑不決的話的。這箇覺道是大徹大悟的人都親自證到的，不是用腦筋來估摩忖度的理想。

成佛要生前成的，不是死後纔成的，在生前不能夠辦到，死後怎樣可以成功呢？各人見性成佛，各人自己知道的，如同飲水冷暖自知，不能爲外人道的一樣。大家見性，大家也彼此互相知道的。

腦筋生從何來死從何去　中陰身

上次已然講了，佛性是在腦筋裏面的。但是腦筋從那裏來的呢？就是從中陰身來的。中陰身不是由父母所生的，是無始來輪迴六道的根苗。

若果說，一箇人全由父母的精血而來的，沒有第三種東西參加成功的，那就有以下的反說了：一、譬如有甲、乙、丙三對夫婦同時結婚，年紀、康健、職業、環境等，大家的都是一樣，過了十年之後，甲夫婦有六箇子女，乙不過兩箇，丙就一箇也沒有，假使一箇人祇由父的精、母的血結合成功的，那就這三對各條件都相同的夫妻，都應當有一樣多的子女了，何以一則多，一則少，一則全無呢？二、譬如某人有五箇兒子，第一箇是很聰明的，第二箇是很蠢笨的，第三箇是很兇惡的，第四箇是很良善的，第五箇是很平常的，沒有特別的品質的。這五箇兒子都是同一父母所生的，他們的面孔也都是大家相似的，爲甚麼品性就完全不相同呢？

以上二則可以證明有中陰身了。第一則的解說：甲對夫婦多子女，就是因爲有多中陰身和他們有緣分；乙對祇有兩箇子女，就是因爲祇有兩箇中陰身和他們有緣；丙對沒有一箇，就是沒有中陰身和他們有緣分的原因（所謂緣分者，前世因也，非親愛則怨憎）。第二則的解釋：五箇兒子性情各別，就是因爲有五箇中陰身不同的緣故。至到相貌都差不多一樣，是由於同一樣的父精母血所生的原因。現在科學家也有說一箇人的來歷，除掉父精、母血兩種東西以外，必定還有第三種條件參加成功的，不過所用的名稱不同罷了。

中陰身我們也可以測驗的。我們在很靜的地方坐著，將所有的念頭都止住不起，清清淨淨的靜下去，靜到一切的思想都完全沒有，單單祇有一點知覺，這箇便是中陰身（古德云：「學道之人不識真，祇為從來認識神。無量劫來生死本，癡人認作本來身。」就是說修行的人錯認中陰身為佛性）。

一箇人死後就没有腦筋，就是因爲中陰身離開了他的緣故。那時中陰身雖然没有眼、耳、鼻、舌、身、意六根，但是見聞覺知四大還在的（所以說人死心不死），中陰身就是第八的阿賴耶識，佛性也是藏在裏面的。

中陰身離開了肉體以後，就迷迷糊糊的，不能夠自己作得主的，這時就以業爲主了（昔善知識有云：「萬般將不去，惟有業隨身。」）。

中陰身捨了軀殼後，四十九天内就要投胎的。所投的胎看他前時（前一世或前兩、三世）所造的業，播下的種子那樣先成熟，就投那樣的胎。所謂種豆得豆，種瓜得瓜。

投胎的情形也不外五蘊的作用。中陰身受生的機緣成熟的時間，見到有可以投胎的地方就去投，隨他業力的牽引。看見人或畜牲等男女交媾就爲色；接納這件事情就爲受；起心動念就爲想；進行參加就爲行；一參加便即墮落胎中了。識是成了他的業識（欲知詳細看《瑜伽師地論》）。《圓覺經》說：「一切衆生從無始際，由有種種恩愛貪欲故有輪迴。若諸世界一切種性，卵生、胎生、濕生、化生，皆因淫欲而正性命。」衆生的妄念，以淫欲爲最强，淫欲是衆生死了又生，生了又死，死死生生輪迴，卵、胎、濕、化四生的導火線。中陰身淫念重的成女胎，輕的成男胎。

中陰身的前生讀得書多的，出了胎之後，將來念書就會有天聰；前世印象特別少的，今生的資質也分外魯鈍的；一箇人有偏僻的脾氣，多是從先天得來的；有特重的習氣，也是由中陰身帶來的。他的印象已然根深柢固極其濃厚，所以很難拔除。俗語有說：「江山易改，品性難移。」有些人好做的不做，明知這樣的不好，偏要這樣的，好像自己作不得主一樣，這就是被前時的薰染所累的緣故。

十業五戒

剛纔說中陰身以業爲主，所有的業都是從身、口、意三方面造出來的。惡業方面，身的有殺生、偷盜、邪淫三種；口的有妄言、綺語、兩舌、惡口四種；意的有貪欲、瞋恨、愚癡三種。共成十種惡業。

殺生的生不是單指人類來講，凡有生命會活動的都是；偷盜，凡取不義的財物，愛非己所當愛的東西都是；邪淫是姦淫別人的妻女；妄言是說謊來騙詐人；綺語是說不道德的笑話，討人家的便宜；兩舌是說兩頭的話來中傷人家；惡口是咒罵人家；貪欲是沒有饜足的心；瞋恚是怨恨忿怒的心；愚癡是迷昧不明的心。

但是殺生、妄言和惡口有例外的，不算是惡業。譬如犯法的奸民，害人的强盜，凡罪不在赦的，應當殺的就要殺，有權職的人若果將他容縱，反失慈悲之心了。至若外國來侵略，因此和他打仗來抵抗殺死敵人，是應該的事。妄言譬如某甲追尋某乙來殺害，某丙明明看見某乙由他的面前走過，但是他說不見，這樣的說謊，不但不算是惡業，反是善事了。惡口譬如父母對於不肖的子女，師長對於不良的弟子想教訓他，莫講罵他，就是打他也是出於慈悲。

不做以上十種惡業，就叫十戒。不但不做，反能行放生、布施、梵行，說誠實、質直、和諍、慈軟的話，作不淨、慈悲、因緣的觀，就是十種善業。

五戒就是戒殺生、戒偷盜、戒邪淫、戒妄語、戒飲酒。這五種爲基本的戒，不但是學佛的人要持的，一般人本來都要守的。盜、淫、妄三種，就是道德法律也不許的，戒酒因爲酒能亂性的緣故。講到殺生，世人以爲分所當然（耶教徒且敢公然謂鳥、獸、魚、蝦等物，乃上帝造給人食的，祇要稱謝上帝。又謂植物有生魂而無覺魂，動物有覺魂而無靈魂，兼有三者，惟人而已云云。荒謬絕倫，莫此為甚！未知何所據而云然推此說也？則淩假有智力者，亦將謂愚弱之人無靈魂矣，文明之國，亦將謂野蠻之族不是人類矣，從此弱肉強食，亦竟敢公然謂是理所當然矣！堂堂宗教又與所謂優勝劣敗、天演公例的邪說有何別哉？但他一方面又謂上帝有好生之德，何以自圓其說），不知畜牲的本性原來與人的無二無別，我們殺畜類實與同類相殘一樣（列子曰：「天地萬物與我並生，類也，類無貴賤，徒以大小智力而相制，迭相食非相為而生之，人取可食者之，豈天本為人而生之？且蚊蚋噆膚，虎狼食肉，豈天本為蚊蚋生人，虎狼生肉者哉？」）。故此戒比別戒更加重要，所以佛法列它爲首。莫講因果，即以惻隱之心來論，也當守殺戒的（讀古今諸善知識的戒殺文，描寫畜類受殘殺的慘酷，繪形繪聲令人悲哀，不忍卒讀，若作設身處地之想，不禁心如刀割矣。孟子曰：「無惻隱之心非人也。」又曰：「君子之於禽獸也，見其生不忍見其死，聞其聲不忍食其肉。」又曰：「仁民而愛物。」故推儒者的主張，亦當戒殺也）。

因果輪迴

我們做的事，或善或惡，不是做了就算的。就是因爲我們有這箇阿賴耶識，好比良田一樣，能夠廣納一切種子的，種子將來成熟所結的果，或苦或樂，還是我們自家作業的人自家承受的。汝現在種下那樣的業因，將來就收那樣的果報，分毫不爽的。所謂「善有善報，惡有惡報」。

現在人心這樣的壞，世界這樣的亂，惡事多做，善事不爲，都因大多數的人不知有因果輪迴的緣故。或聞而不信，以爲作惡無妨，行善無益（說人死如燈滅的人是無智識的，科學尚且謂物質不滅、能力不滅，何況靈妙的心？當然生非偶然有，死非偶然無的，不可以用簡單的頭腦來武斷的），殊不知因果輪迴不但是事實上是有，就情理上也當有的，是人情上通得過的事。我們看看世界上的事情，有因必有果，如同有形必有影，有聲必有響一樣。

佛說三世因果，所謂：「欲知前世因，今生受者是；欲知來世果，今生作者是。」可見因果是不二的。所以菩薩畏因，但是凡夫祇知畏果，前世造了惡業，今世要受苦報，又還再去造業，汝話可憐不可憐呢（因做竊匪而被囚禁，囹圄之中又盜鄰犯之物）？

報有三種：現世受報爲現報；今生造業，來生受報爲生報；今世造業，後幾世受報爲後報。修心行善的人，往往即有逆境現前者，後報改爲先報，重報變爲輕報也。如人欠債還錢，欠期長者縮爲短，債額多者減爲少。

輪迴有六道，就是天、人、阿修羅、畜牲、餓鬼和地獄。天道有樂無苦；地獄餓鬼有苦無樂；修羅（鬼神的另一種）有苦有樂；人和畜牲，我們都知道了。修上品十善業的生在天道，中品十善的人道，下品十善的阿修羅道，犯下品十惡業的畜牲道，中品十惡的餓鬼道，上品十惡業的地獄道。

五戒不持，人身難保。想免惡道的苦要持五戒的（《易》曰：「立人之道曰仁與義。」孟子謂：「無仁義禮智信五常之端，非人也。」五常所以維持人道，佛法的十善、五戒，比儒教的仁義五常尤為明切）。

《華嚴經》裏面有說：「我們的心，就好似工巧的畫師一樣，能夠畫出一切的相來。」上邊所講的六道，都是從衆生自己的心畫成的，有一念大善，便是天道的因；有一念大惡，就是地獄的種；瞋恨便爲修羅；邪淫即是畜牲；貪欲無異餓鬼。總由這心的一念所變現出來的。

人何以要學佛

剛纔所講的六道，有三善三惡，善的當然應該要做，惡的當然不應該做。善道之中最好的是天，但是生天還是不徹底的，雖然受樂，到底有衰壞的悲苦，福享盡了終歸也會墮落的。所以我們要進一步來學佛，纔可以了生死、出輪迴的。

六道輪迴原來是虛假幻化的，但是我們未曾見我們的真心前要受它支配的（夢裏明明有六趣，覺後空空無大千）。在我們的真心没有生死輪轉的，在我們的腦筋纔有的

（一念善即天堂，一念惡即地獄，一念妒忌即修羅，一念愚癡即畜牲，喜、怒、哀、樂七情無一不是妄心的輪迴）。若果我們學佛修行，徹悟真心，就是腦筋也變爲佛性的，那末輪迴生死都不能夠立足了。

最好學佛的莫如人道，因爲天道太過享福，地獄十分受苦，修羅多有戰鬥，畜牲特別愚癡的緣故。六道之中，人身難得，一失人身，萬劫難復。我們已得人身，不可錯過機會爲好。自古善知識有說：「此身不向今生度，更待何生度此身？」

外道的修養及二乘的修證

但是學道真假要辨，否則差以毫釐就失之千里。學佛的人很容易墮入外道的邪見和二乘的偏見，所以我先將二者的修練略爲提舉，以資識別（述者按：耶教捨卻自己的心性而不研究，惟講上帝的神話、耶穌的神通，實爲麤劣的教，不能在此論列）。

本有神我　是婆羅門教的主張，他們以斷除愛欲的煩惱，達到清淨的快樂爲目標。他們的用功可以靜坐三數箇月，或經年之久。

清淨無為　這是老子的主張，還有莊子也差不多這樣的。他們反對用心思聰明來支配生活，說思想和創作無非自尋煩惱，是傷身敗神禍國亂民的東西。所以他們要無思無爲，放任自然，不識不知，比於赤子。

浩然之氣　孟子說：「我善養吾浩然之氣。」也不過以思想不起爲原則。

喜怒未發　《中庸》那本書所說：「喜怒哀樂之未發謂之中。」

先天後天　是王陽明的學說：「一念不起爲先天，一念起爲後天。」他說人有良知良能，主張修心的法則：一念不起，無善無惡；一念起，知善知惡。

總觀以上所說，都以一念不動，澄清心源爲本位。停止雜念，不起思想，好是好的，但是可暫而不可久。普通的人頂多靜到十分鐘、二十分鐘，思想就要起的，縱使學到婆羅門教的入定，一坐坐到三年這樣久，終歸也再要起來的，因爲六根不可以斷到不用的，除非死了纔可以辦到。

而且婆羅門教的斷愛欲，殊不知他愛清淨的快樂，也是一箇愛欲呀；老子的清淨無爲，也是從對面的不淨有爲而來的；孟子的浩然之氣太過混沌不明；《中庸》的喜怒未發，和陽明的先天後天，是很平常的事情。所以統統都不是究竟的道理。

苦集滅道　叫做四諦，是小乘佛教所修的法，修行的人叫聲聞。苦，是受報的苦；集，是招果的因；滅，是寂滅的樂；道，是修持的法。就是知苦、斷集、慕滅、修道的意思。諦是審實不錯的意思。修的方法將六根斷掉，澄心靜慮，清清淨淨的，靜到祇有一點淨念，這就是小乘所達的境界。

十二因緣　就是中乘所修的法，修行的人叫緣覺。修的方法將一念無明斷掉，連剛纔所講的那一點清淨的思想都不要，打掃得乾乾淨淨，直到一無所有、空空洞洞的地方，這就是中乘所證的境界。

十二因緣就是無明緣行，行緣識，識緣名色，名色緣六入，六入緣觸，觸緣受，受緣愛，愛緣取，取緣有，有緣生，生緣老死。感召果報的爲因，緣是牽連的意思。這十二件事，是過去、現在、未來三世界循環不息的因果。無明就是剛纔所講的一念無明，又叫一念妄動性。無明是迷昧不明的意思，是說不覺的起了念頭，就生出種種的煩惱來，因此造出種種的業，就叫做行，這兩件是前世所作的因；識是業識，就是中陰身被業牽動來投胎；名色是在胎中時，色身還沒有成就，那受、想、行、識四陰祇有名目，沒有色質；六入是在胎中開張六塵所入的地方，就是六根生成功了；觸是出了胎之後，六根觸著六塵；受是領受順的和逆的境界，這五件是今世所受的果。愛是對於塵境有所愛好，取是取著喜歡的事情，有字是業字的意思，今生造了業，就會有將來的報應，這三件是今世所作的因。生是跟隨播下的種子再來受生，老死是既然有生，就一定有老、有死，這兩件是來世當受的果。十二因緣大略的解釋就是這樣。

二乘雖比外道爲高，但是得到空空洞洞、甚麼東西都沒有的境界，灰心泯志的，好似木石一樣，也是沒有意思。因爲我們是有情的人類，不想弄到像死物一般，所以二乘的辦法還不妥善的。

眾生迷惑的總因是甚麼呢　根本無明

根本無明在那裏　剛纔所講緣覺修證的境界，空空洞洞一無所有，這是甚麼呢？這是黑黑闇闇的根本無明呀！就是衆生迷惑的根本，生死煩惱的本源。若果認它爲真心本性，就好像認賊作子一樣。《圓覺經》說：「永斷無明，方成佛道。」故此想見性成佛，必要斷根本無明的。無明有兩種：一是一念無明，又叫枝葉無明；二是根本無明，又叫無始無明。我們學佛法要弄清楚的。

無明從何而來　根本無明原來就是虛假沒有的，好比空中的花一樣，空中那裏有花？不過眼病纔見的。又譬如做夢，夢境那裏是真實的呢？睡時纔有的。無明也是衆生纔有的，衆生又是幻化的假相，在真性上莫講衆生，就是佛也是假的名字呀！

二執二障　衆生因爲被根本無明遮住見不到真性，就有二執，就是我執和法執。從二執生出二障，就是事障（又叫煩惱障，這是從我執來的）和理障（又叫所知障，這是從法執來的）。我執是執著根身情意等爲我（主觀的我），法執是執著六塵爲我所依（客觀的宇宙）。爲了這箇我生起貪、瞋、癡種種的煩惱來，這是迷昧真心的，就是煩惱障；所知障就是偏邪的見解，障礙本性，尤其是外道，以爲他所知所信的道理是真實不錯的，就不肯來學究竟的道理。凡夫執我執法，是事理二障都有；聲聞破我執而留法執，是除事障而遺理障；緣覺去我法二執，而又執我法兩空，是爲空執，空執理障仍存，所以無明未破，不得成佛。

大乘佛教的修行

菩提薩埵　就是修大乘的人。菩提者覺也，薩埵者有情也，簡稱菩薩，是普濟之謂；又上求佛道爲菩，下化衆生爲薩，上求者修慧之事也，下化者修福之事也；又菩薩者，發菩提大心之衆生也。菩薩以菩提心爲體而自度，以大悲心爲用（運同體大悲）而度人，自他兼利所以稱爲大衆，喻其能多載也。聲聞、緣覺但求自了不發大心，所以稱爲小乘，喻其不能多載也。

小乘大乘用功的分別　小乘斷六根，中乘斷一念無明，大乘斷根本無明，故此二乘是在果上做功夫，大乘是在因上做功夫。須知果從因來，枝折根在，此二乘的用功，所以不是究竟；拔草除本，清流塞源，此大乘的用功，所以纔是徹底。

破無明的用功　用六根的隨便那一根，我們南贍部洲（即是這箇地球）的人以眼、耳、意三根爲敏利。如用眼根，眼睛就不向外看而向內看，其餘五根也不攀緣外境，清清淨淨的向腦筋裏面來看，看來看去，看到山窮水盡的時間，達到黑黑闇闇、一無所有的無明境界，這時不可停止再向前看，看得多囫的一聲，無明就會破的，無明一破豁然貫通，柳闇花明又一村，徹天徹地的看見佛性了；或者六根齊用清清淨淨的，將一切外緣放下，眼根反觀觀自性，耳根反聽聽自性，鼻根反聞聞自性，舌根反嚐嚐自性，身根反覺覺自性，意根反念念自性，這樣的用功得多，機緣成熟囫的一聲，就會破無明見佛性的；又或者隨用一根統攝五根，好比用一主帥統領兵將來進攻敵人一樣，譬如用意根來做主將，領帶其餘五根向無明窠臼來進攻，眼、耳、鼻、舌、身都歸到意根上去，放下萬緣清清淨淨的起一箇純淨的思想，來向心裏去研究，研來研去研究得多，功夫純熟囫的一聲，無明就會破的；又或者我們沒有時間靜坐來用功，就無庸收攝六根，眼由它看，耳由它聽，意由它想，但是於其中要執持一箇念頭來照顧佛性，不論何時何地片刻不忘，好似失去寶珠必定要將它尋獲一樣，如此觀照機緣一到囫的一聲。也可以見佛性。

不可破與可破　根本無明譬如盜魁，一念無明譬如股匪，六根譬如賊匪所用的武器。欲爲民除患必須剿賊，但擒賊要擒王，所謂殲厥渠魁，脅從罔治，盜首已除，股匪無主，則其受撫也必矣；若捨其魁首，而擒其附從，不特擒不勝擒，即使一時擒盡，他時賊王再招新匪，是賊患仍未平也。六根煩惱、一念無明皆從根本無明而來。根本無明者，根本就不明亮，而迷昧本來妙明自性也。小乘之斷六根，六根何罪？特工具耳。將其斷之是何異奪盜賊之刀兵而毀之，遂以爲盜害既除也？豈知害固在盜，而不在兵器。夫兵器靡特不宜毀，且當資之以攻盜賊；六根豈獨無庸斷，反應利之以破無明。中乘之務斷一念無明，而不知斷根本無明，是猶擒賊不擒王也。大乘用一念無明破根本無明，猶如以毒攻毒然。一念無明是起一箇思想，爲法執；根本無明，空空洞洞一無所有，是空執。法執是不可破的，空執是可破的。

再設譬喻　譬如有留學生從外國回來，他的學問很好，本可在上級社會謀生，但是援引無人發展無路，因而賦閑。惟上有父母，下有妻子，仰事俯蓄，全無依靠，於是爲環境所迫，鋌而走險，斯文作賊，無奈爲人所執，送諸有司，審問之下得悉來由。苟有司善爲之謀，則誥誡一番後，當代覓一枝棲，以解決其生活問題，則他不但不再爲盜，或從此上進造福社會。蓋推其爲盜之由，在於衣食無著，今得其所，是既除做賊之因，則何來犯罪之果?若有司不揣其本，而齊其末，惟其犯罪之果是治，而不究其犯罪之原，將之監禁，迨至期滿釋放出獄，豈知他從此膽氣加壯，由小賊而爲大賊矣，此有司之不善處理也。是喻何解?留學生，喻腦筋；境遇困窘，喻根本無明；爲盜被囚，喻造業受苦；善於處置之有司代尋職業，喻大乘人斷根本無明；不善處置之有司治其盜罪，而不去其盜因，喻小乘錯用功夫，斷六根及一念無明，而不知斷根本無明。夫謀生無計因也，爲盜果也；根本無明因也，煩惱果也。有因必有果，除果要除因，使有生計可安，則盜不禁而自禁矣。若根本無明破，則煩惱不斷而自斷矣。

要用腦筋發揮佛性　未見佛性固然要用腦筋來破無明，即成佛後何嘗不用腦筋來說法度生。試看釋迦文佛、六祖大師等，也要用說話來弘揚佛法，教化衆生。因爲佛性是體，離言絕思的，有體必有用（譬如茶杯有體就有盛茶的用），腦筋就是用，雖起大用，本體仍然是如如不動。好比太陽雖然光照一切，但是它的體還是不動搖的一樣。說法的釋迦佛是佛的應身，佛的本體是法身（佛有三身，還有報身，報身佛如西方極樂世界阿彌陀佛），即是衆生都有的佛性。衆生祇因未見佛性，所以未曾證得法身。佛說法四十九年，他說：「我未嘗道著一箇字。」就是指法身來講。

要修多久方能悟性　這是很不一定，看行者的根機如何，或即生、或數世。前世修行多而善根大者則快，前世修行少而善根小者則慢。

六波羅蜜　菩薩所修六度萬行，度是濟渡之謂，又名「波羅蜜」，到彼岸之謂。六度者，布施（梵音「檀那」，分法施、財施二種）度慳貪，持戒（尸羅）度淫邪，忍辱（羼提）度瞋怒，精進（毗離耶）度懈退，靜慮（禪那）度散亂，智慧（般若）度癡愚。六度萬行皆是對治迷執煩惱之方，如藥之於病，然病去藥除，惑盡法遣，所謂渡河須用筏，到岸不需船。

八大教宗　學佛法門甚多，但是目的均同，所謂「歸元無二路，方便有多門」。中國自昔以來有八大宗都是大乘教，現因時間問題，祇可把其名目舉出。一、法相宗，又稱唯識宗，修轉識成智觀。二、三論宗，修破空觀。三、華嚴宗，修一真法界觀。四、天台宗，修三止三觀。五、禪宗，用話頭或動作參究本來面目。六、律宗，大乘爲《梵網經》，小乘爲《四分律》。七、密宗，又稱真言宗，修三密加持觀。這七種都是難修的。八、淨土宗，念佛法門（淨宗，本來法師在講完大乘經典後開示的，這裏不過略為提及）這宗是最方便最易修，人人能夠做到，箇箇可以成功，三根普被，利鈍全收，至了當、至圓頓的法門。雖上上根不能踰其域，下下根可以登其堂，縱使不能即身成佛，臨命終時可以往生西方淨土，見佛聞法直證菩提。所謂「但得見彌陀，何愁不開悟」（念佛有四種：實相念佛、觀想念佛、觀像念佛，此三是難；持名念佛，此一最易。生西一事，多有徵驗，如將臨命終，預知時至，沐浴端坐安詳而化，或天樂迎空，異香滿室，種種祥瑞，不一而足。縱無以上朕兆，最少亦能正念分明，毫無罣礙。至生前得見阿彌陀佛，亦大有其人。昔慧遠祖師，在生曾三睹聖容，蓋西方勝境佛相莊嚴，雖是阿彌陀佛功德願力之所成就，亦修行者阿賴耶識為之也。吾儕念佛修行，一生受用不少，未曾往生極樂世界，既到清涼自在心境，其中好處行者曉得，如人飲水冷暖自知。）。

佛何以說三乘教

佛教雖分三乘，其實祇有一乘，小、中二乘是假設的，惟有大乘才是真實。因爲衆生根機薄劣，樂著小法，不能擔當大法，若果祇說大乘，他們畏難就會不肯修的。猶如從上海坐船到廣州，路程是很遠的，他們聽了就會生退縮的心，因此不肯發腳，所以要善加引導。首先就用到汕頭的路程告訴他們，到了埠纔對他們說，這不是廣州，還要再搭船的；又用香港的路程告訴他們，到了香港再對他們說，這也不是廣州，還要再前進；於是就到廣州了。二乘也是佛用來誘導根機下劣的人，使他們慢慢的迴小向大，到大乘的法則爲宗旨。汕頭譬如小乘，香港譬如中乘，廣州譬如大乘，我們坐船可以由上海直達廣州，我們學佛可以發心直學大乘。

衆生又如無知的小兒，佛如老練的慈父，六道如不安的火宅，火燒起來小兒還在宅内耍樂，慈父想免兒子的災難，要用方法來誘導他們出去，就對他們說：門外有小羊車和小鹿車很好玩的。他們聽了就爭先恐後的快快跑出去，殊不知外面羊車、鹿車都没有，剛剛祇有一駕大牛車，是預備來載他們離開火患的。須知若果祇對他們說，要坐牛車來避免火難，他們就不肯出去的。羊車好比小乘，鹿車好比中乘，牛車好比大乘，所以要修大乘才能究竟成佛的。

學道誤入歧途

生四種病　學佛易犯的病大抵有四種：一是止病。就是將一切思想止住不起，如海水不起波，無一點浮漚。二是作病。就是起一箇惡思想，改作一箇好思想；不怕妄起，祇怕覺遲；以妄除妄，捨妄取真；前念已滅，後念未起，中間是；背塵合覺，背覺合塵。三是滅病。就是將一切思想滅盡了不起，如明鏡現前，無一點灰塵。四是任病。就是思想任它起亦好、滅亦好，不執著一切相，不住一切相，對鏡無心，一切無礙。豈知止、作、任、滅都是腦筋的事情，不是佛性。思想起固非佛性，思想不起亦非佛性，思想起伏是生滅法，佛性是不生不滅，兩不相干；惡思想固非真心，好思想亦非真心，好惡是相對，真心是絕對，兩不相干；惡思想固是妄，好思想亦非真，相對不實故；捨取是妄識的作用，不是自性的本體，能捨是妄，所取何真？假心所支配故；前念已滅，後念未起，是空無所有，自性能生萬法，與一無所有是了不相干；背覺合塵固非佛法，背塵合覺亦非菩提，相對待故；將一切思想滅盡，當知真性非從滅思想而有，非從起思想而無，思想一起真性變作假心，灰塵一來明鏡成爲黑板，時時要將它拂拭，不是很麻煩的嗎？至於思想任它起亦好、滅亦好，他就以爲是不執著一切相，殊不知他已經執著一箇「任」字，住「不執一切相」的相了，就是有心有礙，殊不自知而已。

混入外道　以上錯處就是由於跑入外道和二乘的見解的緣故。外道雖各自成一家之說，但其極點均相同，究其內容都是牽强遷就的。須知佛法的明心見性，不是從裝作得來的。止、滅二病是導源於二乘的斷思想、婆羅門的斷愛念、老子的清淨無爲。二乘的過上邊已經講了，婆羅門將本心來比明鏡，愛欲來比灰塵，但是灰塵除了又來，思想滅了又起，法爾如是。譬如飽不思食，饑則思飯，有飽必有餓，餓時思食亦是愛欲，如要斷絕，除非死了纔可以。老子以少私寡欲、不搖精神爲養生之道，但是他的清淨無爲又有清淨的痕迹，就是根本不清淨了。譬如黑白兩色，説白是淨黑是染，但是兩者同爲色，本無淨染之別（同為太陽或其光線及物體的因緣所生故）。王陽明主張：「一念不起，無善無惡是心之體；一念起，有善有惡是心之用。」此説近於曖昧，思想起知善知惡，那善惡到底是從內有而起，抑由外入而來？若説內有，善惡兩者何是汝心？若説外來，何干汝意（孟子道性善，荀子言性惡，揚雄謂人之性善惡混，韓愈說人性有善惡，及可以善可以惡三者。《書經》云：「人心唯危，道心唯微，唯精唯一，允執厥中。」《中庸》曰：「喜怒哀樂之未發謂之中。」宋儒朱子等主張：「去人欲之私，存天理之正。」此儒家各宗論心術之大要，但修行皆未得其法，而本性均未得其真也）？至若任病，全以外道的中道，並莊子的放達爲註腳。中道的見解，就是不著二邊，不落有無，上邊已經講過佛和迦葉辯論。莊周的學説，以放達不拘，逍遙自在爲旨趣，對於人的本來面目更漠不相關，不過爲求快活的一種手段而已。

真妄辯論　照外道所見，思想斷滅便爲真心，思想一起即是妄心，起了又斷，斷了又起，妄心變爲真性，真性變爲妄心，反反覆覆何有了止？我今說一譬喻：有婦人焉，夫亡守節，是爲貞操，設若再醮，便失貞操，後悔再嫁之非，復歸故夫之室，是寡婦者有貞操乎？無貞操乎？若云貞操未失，豈通人情！斯喻何解？寡婦譬如腦筋，守節譬如思想不起，貞操譬如真性，再醮譬如思想又起，復返夫家譬如再斷思想，思想再斷，真性恢復之見，是何異於寡婦再嫁之喻哉？夫根本既錯，修末無益也。昔祖師有〈真妄偈〉云：「真法性本淨，妄念何由起？從真有妄生，此妄何所止？無初即無末，有終應有始。無始而無終，長懷懵兹理。」就是說佛性本自清淨，那裏會起妄念？起妄念是腦筋，不是佛性。假使妄念是從佛性起，那麼根本就有妄念了，止它何益？是止不勝止的。因爲無初就無末，有終纔有始的，若果無始無終，相對是假，絕對是真，這箇道理都不明白，那就不能夠解悟佛法的。學佛錯用功夫，猶如以沙煮飯，飯終不成。

腦筋根本無明佛性的再說明

明鏡有知覺性　就是腦筋，又稱觀照般若（有見聞覺知故），使我念佛的是它。本有神我（婆羅門）、良知良能、後天之性（王陽明）、率性之命（《中庸》）、氣質之性、腦筋靈性、智慧思想、節制欲望（西哲）都屬這箇範圍。腦筋有知覺、有生滅、有善惡是非、喜怒哀樂、愛憎煩惱，種種俱全，是受薰染（阿賴耶識）、有漏的（變化輪迴），人人不是一樣的（各有各的因緣所生故）。腦筋有兩種總功能：一、思想不起，是能起淨緣。二、思想起，是能起染緣。中國古學所謂陰陽二動，也是指這箇妄心，不出那兩種相對的位置之外。衆生的報身，是從腦筋所造成的。

無知覺淨性　就是根本無明，又稱菴摩羅識（九識），即淨識之意。禪宗口頭所說百尺竿頭、向上一著、腦後一槌、無明窠臼、黑漆桶底，就是指它。中乘所證的心（主觀的我）法（客觀的宇宙）雙忘、無我（根身）我所（器界），就是到這箇地步。浩然之氣（孟子）、一念不動天命之性（《中庸》）、吾心宇宙（宋儒）、喜怒未發（《中庸》）、先天無極（先天大道）、清淨無爲（老子）、清淨快樂（西洋哲學），統統不出這箇境界之外。無明是無知覺、無生滅，無善惡、是非、煩惱、愛欲思想等。

本來妙明自性　就是佛性，本來不可以用名目來拘泥的，但要教化衆生，不得已要用各種名稱來形容它，等衆生好依名字般若起觀照般若，而證實相般若。茲將名目略舉如下：圓覺真性、一真法界、本來面目、真如實相、法界體性智、自心現量、究竟堅固、如來藏心、實相般若、常樂我淨、本有自我、寂滅最樂、自性彌陀、常住真心、大光明藏、法身本心、無生法忍、無餘涅槃（涅不生，槃不滅）、毗盧遮那（徧一切處）。佛性是有知覺，無生滅，無善惡是非、煩惱生死，是無來無去，徧滿虛空，充塞宇宙，究竟快樂，是不受薰染（本自清淨故）、無漏的（轉識成智故），人人的是一樣的（為眾生自性故）。

修行的總訣　以佛性爲體，以六根爲用，以觀照般若（腦筋、靈性、見聞覺知）利用六根，向內破無明見佛性爲宗。

悟後的光景

悟後明白是受薰染，悟後一切種子和盤托出，此妄念根塵識俱變爲佛性。見性後，在本體上看是一理平等的，無所謂佛，無所謂衆生，無所謂衆生成佛，生死涅槃猶如昨夢。菩提煩惱同是空花。

未見性前，一假皆假，妄識所支配故；既見性後，一真皆真，真心所流露故。所謂以金作器，器器皆金。那時鬱鬱黃花無非般若，青青翠竹總是真如，大地山河皆爲佛性，石頭瓦塊概屬菩提，嬉笑言談真心妙用，揚眉瞬目佛法宣流。蓋即體起用，即用歸體，即體即用，即用即體，體爲用之體，用爲體之用，體用不二故。所以左右逢源，無不自得，前時怎樣也不得，現在怎樣也得。

法身是豎窮三際（過去、現在、未來三時間都打破），橫該十方（東南西北橫計八方，上下直計兩方的空間都打破），經云：「十方三世佛，同共一法身。」

結題

近世歐洲奧國有位哲學家，他的名字我忘記了，研究哲學的人差不多都知道的。他是很聰明，也是很有錢的，古今各國一切學說和宗教，他都詳細研究過。講到他的身分，上級社會的事業，差不多都做過，高官大員也當過，錢財、學問、名聲都齊，在傍人看更好的難得了，但他的氣概就和一般人的不同。因爲他研究過所有的哲學和宗教，都找不出一箇絕對的、真實的、究竟的道理來，所見的無非是相對的、不徹底的東西，他就心感不安，莫非這樣糊塗就過了一世嗎？有甚麼意思呢？但是思來想去沒有法子，這箇宇宙之謎終歸莫奈他何，於是就覺得生無樂趣，跑到火車路上去，在軌上眠倒，竟然被車輪輾得溶溶爛爛，你說可憐不可憐呢？倘然他當時得聞著佛法，我相信他就無庸自殺了。

我們中國晉朝時，有位名流叫王羲之，念書的人差不多都知道他。他在〈蘭亭集序〉那篇文章裏面，悲傷的寫著道：「死生亦大矣，豈不痛哉！」所講這兩箇人都是有智識，爲當日社會所敬仰的，獨是可惜他們都與佛法無緣，一則不能安心立命，一則樂極生悲。我們聽了當有莫大的感想。何以故呢？因爲我們有緣得聞能夠徹底救世的佛法，就可以了生死大事，解宇宙之謎，不是得絕大的欣幸嗎（當作遭難遇救想）？

佛法深廣有如大海，三藏經典不能自己拿來看看就懂的，而且很多註解是錯誤的，所以要多來聽講，慢慢的纔可以瞭解明白，入正知見。

好了，人生觀現已講完，人生觀解決，宇宙觀同時解決；唯心問題答覆，唯物問題同時答覆（非如泰西哲學，知識、自然、人生分開三橛導論，不能圓融兼顧，而唯心、唯物各走極端）。人生真正的目的在學佛，學佛究竟的宗旨在成佛。

三、用佛法解釋人生真義

翟鏡銘記

今天我們演講的就是人生的真義。人生在世究竟爲些甚麼？究竟應該怎樣徹底答覆出來？我們人類天天的活動著，究竟爲甚麼事呢？在一般常人的解答，人生無非求衣、食、住三件事，祇能上事父母，中爲己身，下畜妻子就是了事。但我們要問一問：「人類生活是否正如這一樣的簡單？」這是很值得我們去尋求的一箇問題。

孔子說：「做人應該要從孝、弟、忠、信、禮、義、廉、恥入手。」這就是聖賢教人的外表修身方法；至於內部修心，便有「浩然之氣」這一類話。如孟子說：「我善養吾浩然之氣。」這就是聖賢解釋的人生真義。

老子主張「無爲」的學說。他說：「百戰百勝，不如一忍；萬言萬當，不如一默。」他以爲人生是向後的，所以要「絕聖棄智」。莊子所用的大概也是這種道理。他說：「人生最苦的莫如有才能，因爲人們有了做事的本領，就是造成許多罪惡的根源。」例如古今有些聰明的人，他們整天祇知胡天胡地，小則愚弄欺詐，大則禍國殃民，所以他們解釋人生真義便要無能。

說到楊朱的主張則是「爲我」，他以爲人生根本是自私自利的，故雖「拔一毛以利天下不爲也」。和他相對立的一派就是墨翟的主張「兼愛」，他又以爲「人苦如己」之道，則四海之内皆兄弟，自然没有鬧起紛爭的事情，這樣國可治、天下可平了。這就是他們解釋的人生真義。

到了宋儒周、程、張、朱、陸象山、王陽明之輩出，他們一味循著規行矩步的墨守聖賢法則爲修身之本。王陽明說：「修身可以分爲先天的和後天的兩方面，一念不起就是先天，一念起就是後天。」對於修身的方法，他又主張無善無惡一念不起，一念起知善知惡。這就是王陽明解釋的人生真義。

近來有回教的教義是主張人生來受苦的、有罪惡的，所以須得祈禱上帝，請求上帝保佑，這就是回教解釋的人生真義。

但據西洋各家哲學的解釋，人生就是因爲有種種欲望，可別之爲兩類：一是所求得的，一是清淨的。婆羅門教著名的學者泰戈爾前數年說過：「人類本生在天上的，不幸因生愛念而墮落凡塵；若然，我們把愛念斷絕，仍舊可以回返天上。」這就是婆羅門教解釋的人生真義。

中國從前有些浪漫派的文人，像陶淵明、蘇東坡、李太白等終日遊山玩水，逍逍遙快活，專一講求自我，他們以爲澹薄世情纔是人生真義。

有一類野心派的人們，以爲人生需冀圖成就一件勳功偉業，做些轟轟烈烈的驚人之事，就可以名留萬世；有些冒險派的人，他們抱定時勢造英雄，和成則爲王敗則爲寇的宗旨，苟凡有機可乘，他們則必亂幹一遭，而僥倖在社會上獲一席之地；又有享樂派的人，他們以爲家財豐足，自己有了金錢，便可以安然納福一切，可勿顧慮；但另有些悲觀派的人，他們的感覺與前者就大不相同，以爲人生如夢，彈指數十年則變成枯骨了，所以在世祇求隨遇而安就算罷事。以上就是各派人解釋的人生真義。

這裏已經舉出十幾派關於解釋人生真義，話也許說得太久長了，但是我們用佛法解釋的人生真義又是怎樣的？在這箇問題未解答以前，讓我將以上所列舉的各家學說略爲批評。

常人說：「人生是求衣、食、住的。」但人生是不是生來就爲著衣、食、住？自然是一箇問題。若謂人類生來是爲著衣、食、住，牛能夠食草又能夠耕田，馬能夠生馬子，人類祇爲著衣、食、住、工作而來，是與禽獸有甚麼分別呢？但是人類係有理性的，禽獸係沒有理性的。

孔子所說的要「孝、弟、忠、信、禮、義、廉、恥」等事，這是我們各人應該做到的事，並不十分稀奇，正如一箇人應當做好人不去做賊仔的一樣不稀奇。至於要講修心的「浩然之氣」，恐怕太過杳茫，說出來並不是人人能懂。照「浩然之氣」來解釋，就是思想不動，但是人類係有靈性的動物，除非一息不來，那能夠思想不動呢？這樣恐怕人類不能做得到。

老莊這一派的主張「絕聖棄智」，不求想出一箇根本的補救人類過失的方法，至偏於向後開倒車，煞是可笑！那麼人類是有上等的智識，豈可與下等的動物無知無能一樣麼？

楊朱「爲我」將來一定不知成何世界？故此說不攻自破。墨子的「兼愛」原來是好，祇要問人人能否依著實行，如果大家没有存著這種心理，不是就受少數奸人所愚弄？譬如有某官吏，他宣言替人民謀福利，訂定許多有利人民的政策來維護人民，但其假心假意掛羊頭賣狗肉，表面雖是造福人民，而其實遺害地方，這就是受了兼愛學說所矇蔽。假使能夠做到有勢有錢，但是不過欺騙一般下等智識的人，若被上等智識的人，瞧他那值一文錢呢？

宋儒之以聖賢規範爲修身之本，這是對外邊所說的話。如果問他自己心裏能否做到？自然是一箇問題。這是未免墨習古風，須知真理是受時代所影響的，昔日的哲理名言未必盡符現代之用。王陽明的「良知良能，修心養性」的主張，雖自成一家之言，但先天後天不難分辨。照先天後天的解釋，思想不起就是先天，思想起就是後天，但是我們的思想起與不起本屬至尋常的事，這樣來解釋人生的真義有甚麼意思呢？

又西洋哲學者主張人生有欲望，須求滿足欲望纔能達到人生的快樂，雖然欲望是達到人生目的的一種手段，但也不能算得就是人生真義。

至於耶教說我們人類遠祖生於樂園，因忘記日常工作，所以上帝把他們降世受苦，這是不知幾千萬年的事，而上帝仍然把這種罪惡加諸我們人類的後代，那麼上帝太不仁啊！至謂死後升天享福，未免神話了。

婆羅門教盛倡人類因有愛念，所以務須把愛念斷絕，若愛念斷了又生，斷了又續，便是永不能夠辦到的一回事。

其他像浪漫派、野心派、冒險派、享樂派、悲觀派等等各持一說，究是屬於片面理由，未能徹底答覆人生的真義。

這樣綜觀各家之言，都是零碎的，不完全的答案，現在我開始講到佛法。佛法是怎樣地解釋人生真義呢？這箇解答是十分簡單而很明顯的，就是……

菩提心為本　大悲心為用

甚麼是菩提心呢？菩提本是梵語，作覺悟解。又甚麼是大悲心呢？大悲心就是普救衆生的意思。

我們人類的日常動作，整天忙著亂著，因爲人們有煩惱、是非、喜怒哀樂，也就是人人有了腦根，由思想變化而來。但是腦根思想又從何而來的呢？許多人說這些東西都是人做成的與生俱來的。其實也不盡然，人之有喜怒煩惱、是非哀樂，都不過是一種因緣作用罷了。甚麼叫做因緣呢？譬如說我們看見人家穿了很漂亮的衣服，便自己也想做一套來穿，這所看見漂亮衣服的就是我們的眼，而思念自己也想穿一套的就是腦根，我們便統稱它叫做因；至於這件衣服因它是被我看見的境，所以便是緣。我們既然知道因就是由腦根思想的構成，並可分爲內外兩部，屬於內部的爲見聞覺知，屬於外部的有六根。茲表解之：

腦根
- 內部的見聞覺知
- 外部的視根、聽根、嗅根、味根、觸根、念根

腦根是六根的組合體，乃是見聞覺知和六根的總稱。

但是人們有了腦根的存在，便很常常不知不覺地受它迷惑、受它愚弄、受它危害。何以故？正像前例説過，人家穿漂亮的衣服，自己也想立刻穿一套；見人家住著大廈，出入乘坐自用汽車，自己也想做到這箇地步；見了人家情侶雙雙攜手，自己也想偕了女性一齊去看戲；都是我們觸根向我們的心內引誘擾亂。結果許多人會變成愛繁華、慕虛榮，設偶一因失事、失敗則投海、自縊，或是仰藥自殺，如古時的屈原等輩一樣。唉！這事情是多麼的慘酷啊！這豈不是因腦根的陷害嗎？

這種腦根不究竟，是我們虛僞的心。我們原來有一種真心，不受一切欺騙，不爲物誘，在腦根裏面清淨的心。所以世界之中以心爲主，能解之者則能解決。所以腦根有時矇蔽真心，做真心的賊，人須隨時得以真心爲心，不以環境腦根爲心。我的真心就是菩提心，從菩提心流露出來的就是大悲心。須知我們的真心不是外求的，是本來所有的，是人人同具的，凡夫不少減的，聖人不多增的，但係聖人能夠

徹悟真心，不爲腦筋所支配，凡夫不能夠徹悟真心，常被腦筋所愚弄，所以聖人常覺，凡夫常迷，迷與覺都係在我們心裏尋來的。我們如果跟著佛法上所講菩提心的道理去研究，就可以悟識本來的主人翁，這樣纔可得人生的真義。

我們所以有腦筋與及受腦筋的支配，生出種種煩惱、是非、喜怒、哀樂，既如上述，如果不跟著佛法上菩提心的道理去研究，就是煩惱不能夠斷了，終身祇係被腦筋的轉移，萬劫祇係跟著生死的流浪，豈可得人生的真義？

如果明白菩提心的道理，便可以悟識本來的主人翁，不獨不爲萬物所轉，而反能夠轉萬物，即有一切煩惱、是非、喜怒、哀樂當前，對於我們的本性了不相干，那有煩惱是非、喜怒哀樂呢？這豈不是徹底人生的真義嗎？我們如果明白種種環境皆是虛妄的，即有環境當前，亦不爲環境所轉，這樣就能夠得到神用自在、常樂我淨的境界，可算徹底人生的真義了。但是佛法廣大，係以普濟爲主，己雖覺還要覺他，己未度先要度人，方是菩薩的大行。因爲衆生未能夠徹悟本性，枉受六道的沈淪，多麼的可憐愍呀！故此還須以大悲心爲用，普救衆生出苦海躋聖域，使人人能夠悟識本來的主人翁，得著人生的真義，纔能夠盡佛法的大用、菩薩的大行。

大悲心含有四種意義，這四種意義就是慈、悲、喜、捨。甚麼叫做慈呢？能夠與衆生的種種樂者是；甚麼叫做悲呢？能夠除衆生的種種苦者是；甚麼叫做喜呢？能夠隨順衆生的一切者是；甚麼叫做捨呢？能夠成就衆生的一切者是。

我們既然能夠悟識本來的真心，以菩提心爲本，這就無往而不自在，無處而不清涼，而且又能夠廣攝衆生，以大悲心爲用，這就衆生皆得解脫同體，皆得歸真，佛法對於人生的真義，豈不是真徹底麼？真究竟麼？

無始無明

本來無佛無衆生
世界未曾見一人
究竟瞭解是這箇
自性還是自己生

一、由真起妄返妄歸真之考證

僧肇《寶藏論》的錯誤

「由真起妄，返妄歸真」，這兩句話與佛法有極大關係。一般人解釋真如佛性譬喻一面鏡子，爲塵埃所污，將塵埃清掃，則鏡子回復本來面目。經考查過大乘經典，並沒有「由真起妄，返妄歸真」這兩句話。查這兩句話的起源，乃出於北朝僧肇《寶藏論》。內云：「夫本際者，即一切衆生無礙涅槃之性也。何謂忽有如是妄心及以種種顛倒者？但爲一念迷也。又此念者從一而起，又此一者從不思議起，不思議者即無所起。故經云：『道始生一，一爲無爲。一生二，二爲妄心。以知一故，即分爲二。二生陰陽，陰陽爲動靜也。以陽爲清，以陰爲濁。故清氣內虛爲心，濁氣外凝爲色，即有心色二法。心應於陽，陽應於動，色應於陰，陰應於靜，靜乃與玄牝相通，天地交合。故所謂一切衆生，皆稟陰陽虛氣而生。』是以由一生二，二生三，三即生萬法也。既緣無爲而有心，復緣有心而有色。故經云：『種種心色，是以心生萬慮，色起萬端，和合業因，遂成三界種子。』夫所以有三界者，爲以執心爲本。迷真一故，即有濁辱，生其妄氣。妄氣澄清爲無色界，所謂心也；澄濁現爲色界，所謂身也；散滓穢爲欲界，所謂塵境也。故經云：『三界虛妄不實，唯一妄心變化。』夫內有一生，即外有無爲；內有二生，即外有有爲；內有三生，即外有三界。既內外相應，遂生種種諸法及恆沙煩惱也。」

但既知萬物本性（即真如）爲不變不易、不可認識之範疇，則真實之本性乃無生無滅、非有非無可知矣。僧肇用老子之所謂「有乃生於無，有復歸無」，一生一滅，循環返復，便是生滅輪迴之法；既知其由無生有，便是可認識之範疇。夫有無生滅輪迴可認識之法，豈可與離有無、不生滅、超輪迴、不可以眼根認識之法相提並論耶？此理極明，而諸師不察，深爲惋惜。世尊所據以破外道邪說者，即憑此生滅法與非生滅法一點也。「生滅」乃起於腦筋揣量，妄量計度，是相對非絕對；「非生滅」超出時空，通三界之外，是絕對非相對也。故老子之「無」是生死本，而般若之「空」是了生脫死之體，不可同日語也，平者然後可與談。

《大乘起信論》的錯誤

《大乘起信論》云：「真如淨法，實無於染，但以無明而薰習故，則有染相；無明染法，實無淨業，但以真如而薰習故，則有淨用。云何薰習？起染法不斷，所謂以依真如法故。有於無明，以有無明染法因故，即薰習真如；以薰習故，則有妄心；以有妄心，即薰習無明。不了真如法故，不覺念起，現妄境界；以有妄境界染法緣故，即薰習妄心，令其念著，造種種業。」

南朝《大乘起信論》云：「真如不守本性，真如變易，真如受薰染，真如緣起。」《華嚴經》云：「譬如真如，恆守本性，無有改變；譬如真如，無有變易；譬如真如，體性無生。」真如無緣起。《維摩詰經》云：「法常寂然，滅諸相故；法離於相，無所緣故。」真如不受薰染。《華嚴經》云：「法性清淨，無染無亂。」又云：「法身無染，究竟清淨。」南朝之《大乘起信論》與《華嚴經》、《維摩詰經》所論者適得其反。

祖師語錄的考證

「由真起妄，返妄歸真」，這兩句話由六朝直傳唐朝，無人察其僞，直至唐朝五祖發覺，提出糾正。神秀説：「身是菩提樹，心如明鏡臺，時時勤拂拭，勿使惹塵埃。」此乃「由真起妄，返妄歸真」之説法。將真如譬喻鏡子，起妄念如同鏡子起灰塵，「時時勤拂拭」就譬喻將妄念斷乾斷淨，「勿使惹塵埃」就譬喻將妄念不要起。六祖說：「菩提本無樹，明鏡亦非臺，本來無一物，何處惹塵埃？」六祖已明心見性，故其偈乃表示佛性無生無滅、不垢不淨、不受薰染、本來成佛。五祖印可六祖見佛性，而神秀則不然。

南陽慧忠國師亦反對「返妄歸真」即佛性之說法。有一日師問禪客：「從何方來？」禪客曰：「南方來。」師曰：「南方有何知識？」曰：「知識頗多。」師曰：「如何示人？」曰：「彼方知識直下示學人：『即心是佛，佛是覺義。汝今悉具見聞覺知之性，此性善能揚眉瞬目、去來運用，徧於身中，挃頭頭知，挃腳腳知，故名正徧知。離此之外，更無別佛。此身即有生滅，心性無始以來未曾生滅。身生滅者，如龍換骨，如蛇脫皮、人出故宅，即身是無常，其性常也。』南方所說大約如此。」師曰：「若然者，與彼先尼外道無有差別。彼云：『我此身中有一神性，此性能知痛癢。身壞之時，神則出去，如舍被燒，舍主出去，舍即無常，舍主常矣。』審如此者，邪正莫辯，孰爲是乎？吾比遊方多見此色，近尤盛矣。聚卻三五百衆，目視雲漢，云是南方宗旨，把他《壇經》改換，添糅鄙談，削除聖意，惑亂後徒，豈成言教？苦哉！吾宗喪矣！若以見聞覺知是佛性者，《淨名》不應云：『法離見聞覺知，若行見聞覺知，是則見聞覺知，非求法也。』」

六祖反對「返妄歸真」即佛性之說法，可見諸於與臥輪法師之對答。臥輪法師說：「臥輪有伎倆，能斷百思想，對境心不起，菩提日日長。」六祖說：「惠能沒伎倆，不斷百思想，對境心數起，菩提作麼長？」

復禮法師也曾提出「由真起妄，返妄歸真」這兩句話來討論。唐僧復禮有法辯，當時流輩推尊之。作〈真妄偈〉問天下學者曰：「真法性本淨，妄念何由起？從真有妄生，此妄何所止？無初即無末，有終應有始。無始而無終，長懷懵茲理。願爲開玄妙，析之出生死。」清涼國師答曰：「迷真妄念生，悟真妄即止。能迷非所迷，安得長相似？從來未曾悟，故說妄無始。知妄本自真，方是恆妙理。分別心未忘，何由出生死？」圭峯禪師答曰：「本淨本不覺，由斯妄念起。知真妄即空，知空妄即止。止處名有終，迷時號無始。因緣如幻夢，何終復何始？此是衆生源，窮之出生死。」又曰：「人多謂真能生妄，故妄不窮盡。」爲決此理。重答前偈曰：「不是真生妄，妄迷真而起。悟妄本自真，知真妄即止。妄止似終末，悟來似初始。迷悟性皆空，皆空無終始。生死由此迷，達此出生死。」慧洪覺範味二老所答之辭皆未副（符）復禮問意。彼問：「真法本淨，妄念何由而起？」但曰：「迷真不覺。」則執不能答耶?因爲明其意，作偈曰：「真法本無性，隨緣染淨起。不了號無明，了之即佛智。無明全妄情，知覺全真理。當念絕古今，底處尋終始。本自離言詮，分別即生死。」（出《林間錄》）

《圓覺經》的考證

釋迦佛住世時，金剛藏菩薩曾將「真」、「妄」的話提出向佛辯論。

《圓覺經》云：「於是金剛藏菩薩在大衆中，即從座起，頂禮佛足，右繞三匝，長跪叉手而白佛言：『大悲世尊！善爲一切諸菩薩衆，宣揚如來圓覺清淨大陀羅尼，因地法行漸次方便，與諸衆生開發蒙昧。在會法衆，承佛慈誨，幻翳朗然，慧目清淨。世尊！若諸衆生本來成佛，何故復有一切無明?若諸無明衆生本有，何因緣故，如來復說本來成佛?十方異生本成佛道，後起無明；一切如來何時復生一切煩惱?惟願不捨無遮大慈，爲諸菩薩開祕密藏，及爲末世一切衆生，得聞如是修多羅教了義法門，永斷疑悔。』作是語已，五體投地。如是三請，終而復始。爾時，世尊告金剛藏菩薩言：『善哉、善哉！善男子！汝等乃能爲諸菩薩及末世衆生，問於如來甚深祕密究竟方便，是諸菩薩最上教誨了義大乘，能使十方修學菩薩及諸末世一切衆生，得決定信，永斷疑悔。汝今諦聽，當爲汝說。』時金剛藏菩薩奉教歡喜，及諸大衆默然而聽。」金剛藏菩薩之問乃承佛說「始知衆生本來成佛」一語而來，佛說此語，全就佛性本體而言，謂衆生本元具足佛性，本是現成無所欠缺之謂也。昔觀明星悟道，第一句話即是：「奇哉！奇哉！一切衆生俱有如來智慧德相。」其意蓋亦若此。而金剛藏菩薩代表大衆之問，全出自腦筋作用，未達圓覺體用無二之旨，差之毫釐失之千里。故曰：「倘衆生本來成佛，何以復有無明？倘無明是衆生本有，何以說衆生本來成佛？若衆生本來成佛後起無明，則一切如來何時復生煩惱耶？」其意蓋謂衆生成佛，復起無明，再爲衆生，則生佛無常，豈非佛亦有輪迴生死耶？故提出疑問請佛宣說，以斷疑悔。

《圓覺經》云：「善男子！一切世界始終生滅，前後有無聚散起止，念念相續循環往復，種種取捨皆是輪迴。未出輪迴而辨圓覺，彼圓覺性即同流轉，若免輪迴無有是處。譬如動目能搖湛水，又如定眼猶迴轉火，雲駛月運、舟行岸移，亦復如是。善男子！諸旋未息，彼物先住尚不可得，何況輪轉生死垢心曾未清淨，觀佛圓覺而不旋復？是故汝等便生三惑。」佛聽金剛藏菩薩之問，知其屬於腦筋揣摩作用，無明未破，不達本體無二之義。故告之曰：「一切世界所以生滅聚散，一切意念所以循環往復，皆因無明未破。未出輪迴，未見自性，而欲用腦筋想像以辨圓覺，則圓覺之性即隨同流轉矣。譬如目轉動而令水搖，眼久空而疑火轉，雲駛而月似運，舟行而岸若移，此等錯覺正復相似。」「諸旋未息」者，言倘目在動，雲尚在駛，舟尚在行，而欲水之不搖、月之不運、岸之不移，尚且不可得，何況輪轉生死垢心未淨，而欲辨圓覺體性，豈有不隨之旋轉者乎？因此之故便生三惑。「三惑」者，眼翳、空華（花）、與虛空自性是也。因眼翳而誤執空中有華，因空華而惑於虛空自性，正如因無明而妄有輪迴生死，因輪迴生死而不解「衆生本來成佛」之義，月、岸、雲、舟亦復如是，故曰「三惑」，下文明之。

《圓覺經》云：「善男子！譬如幻翳，妄見空華。幻翳若除，不可說言：『此翳已滅，何時更起一切諸翳？』何以故？翳華二法，非相待故。亦如空華滅於空時，不可說言：『虛空何時更起空華？』何以故？空本無華，非起滅故。生死涅槃同於起滅，妙覺圓照離於華翳。善男子！當知虛空，非是暫有，亦非暫無，況復如來圓覺隨順，而爲虛空平等本性？」言若人因眼所幻翳而見空中有華，幻翳若除，不可說何時更起諸翳。何以故？「翳華二法，非相待故」。「相待」即相對之謂也。虛空譬如佛性，本來便有，亦永不變易；而翳華譬如無明，本無體性，乃相對者。正如上文所說，如夢中人醒時了無所得，故翳華二法不得與虛空相對待，而無明亦不得與佛性並論也。又如空華滅於空時，不可說何時更起空華。何以故？空本無華，非起滅故。故無明已滅，不可說何時復生無明，因佛性本來圓滿，而無明本無體性故也。「生死涅槃，同於起滅」，言生死涅槃乃相對者，故有起亦有滅。「妙覺圓照，離於華翳」，言妙覺圓照乃絕對者，故非華翳可比也。當知虛空尚非暫有暫無之體，況如來圓覺無礙，乃虛空平等本性乎！

佛說衆生本來成佛，乃親見本體之言。夫佛性本體乃絕對者，非言語所能及，非想像所可知。古人云：「惟證與證，乃能知之。」香巖禪師未悟時，屢乞溈山禪師說破，山曰：「我說底是我底，終不干汝事。」故佛學非同哲學，哲學惟窮思想作用，佛學貴於實證真知；哲學是相對，佛學是絕對，不可同日而語也。絕對謂之「了義」，相對謂之「不了義」，如生死對涅槃、善對惡、染對淨、起對滅、來對去、得對失、取對捨、寂對照、寂而常照對照而常寂、陰對陽、靜對動、是對非，四句百非皆屬相對，皆屬「不了義」，皆變幻不居，自性中所無。如上文述悟後光景一節所云「生死涅槃，猶如昨夢……無起無滅，無去無來」是也。能明相對之理，則可以辨金剛藏問題錯誤之所在矣。

《圓覺經》云：「善男子！如銷金鑛，金非銷有，既已成金，不重爲鑛，經無窮時，金性不壞，不應說言：『本非成就。』如來圓覺，亦復如是。」此節再申明「本來成佛」之旨，言如銷金鑛一樣，金非「銷」而有，乃本來便有此金質也，不過將河泥雜質提出，使現本來面目耳。既已成金，不重爲鑛矣，經無窮時，而金性不壞不雜。故此不應言「本非成就」，蓋「銷金鑛」者，不過一種工夫而已，倘無金質，雖銷何益？金質本有，則其成就已在未銷之前矣。圓覺佛性亦復如是，本自具足，本自現成，故曰：「衆生本來成佛。」

《圓覺經》云：「善男子！一切如來妙圓覺心，本無菩提及與涅槃，亦無成佛及不成佛，無妄輪迴及非輪迴。善男子！但諸聲聞所圓境界，身心語言皆悉斷滅，終不能至彼之親證所現涅槃，何況能以有思惟心，測度如來圓覺境界？如取螢火燒須彌山，終不能著；以輪迴心生輪迴見，入於如來大寂滅海，終不能至。是故我說一切菩薩及末世衆生，先斷無始輪迴根本。」此節再申明用腦筋思想窺測佛性之誤。言一切如來妙圓覺心乃屬絕對者，非言語思想之可及，所謂菩提、涅槃、成佛、不成佛、輪迴、非輪迴等等，不過是方便假名而已，佛性中本無此等事，亦無此等名也。不用說思惟無法測度佛性不思議境界，就是諸聲聞（即小乘）人用斷滅六根功夫所圓之境界，雖將身心語言斷滅盡，亦終不能至彼之親證所現涅槃（即二乘淨緣境界，非無餘涅槃）境界，何況用普通思惟心，而欲測度如來圓覺境界者乎？此等人有如取螢火以燒須彌山，終不能燒著。故以輪迴之心，生輪迴之見，而妄冀能入如來大寂滅海，終不能至也。故說一切菩薩及末世衆生，應先斷無始輪迴根本（即無始無明）。

《圓覺經》云：「善男子！有作思惟從有心起，皆是六塵妄想緣氣，非實心體，已如空華，用此思惟辨於佛境，猶如空華復結空果，輾轉妄想無有是處。善男子！虛妄浮心多諸巧見，不能成就圓覺方便，如是分別非爲正問。」此節佛斥金剛藏菩薩發問之不當，言凡腦筋做作之思惟，皆從有心而起，是六塵妄想緣氣，非實心體，如同空華，況復用此妄想思惟來辨別揣測佛性境界，猶如空華復結空果，輾轉妄想無有是處；用此虛妄浮心生諸巧見，妄上加妄，不能領悟圓覺方便。故所問非正問，乃邪問也。

以上各節證明「妄念」不是從「真」起，那麼「返妄歸真」便沒有用處。然則「妄念」從何而起？乃從「無始無明」而起。而「無始無明」出於何經何典？乃出於《勝鬘經》。欲破無始無明見佛性，須先認清無始無明與妄念無明之分別。

二、無始無明與妄念無明之分別

欲明白無始無明與妄念無明之分別，須先將下列各項詳爲說明。

1 無始無明	出何經典？	2 妄念無明	出何經典？
3 真如不受薰染	出何經典？	4 真如恒守本性	出何經典？
5 真如不變易	出何經典？	6 真如無緣起	出何經典？
7 離四句	出何經典？	8 中道	出何經典？
9 無上正等正覺	出何經典？	10 見聞覺知	出何經典？
11 一切眾生皆有佛性	出何經典？	12 見性成佛	出何經典？
13 父母未生以前不是佛是中陰身	出何經典？	14 中陰身起妄念入母胎	出何經典？
15 一切眾生本來不是佛	出何經典？	16 背覺合塵滅塵合覺	出何經典？
17 空如來藏不空如來藏	出何經典？	18 奇哉，一切眾生具有如來智慧德相，但以妄想執著而不證得	出何經典？
19 佛法分三乘	出何經典？	20 見了佛性之後於此無修	出何經典？

一、無始無明，出《勝鬘經》。經云：「有煩惱是阿羅漢、辟支佛所不能斷。煩惱有二種，何等爲二？謂住地煩惱及起煩惱。住地有四種，何等爲四？謂見一處住地、欲愛住地、色愛住地、有愛住地。此四種住地，生一切起煩惱，起者刹那心刹那相應。世尊！心不相應無始無明住地。世尊！此四住地力，一切上煩惱依種，比無明住地，算數譬喻所不能及。世尊！如是無明住地，於有愛數四住地，無明住地其力最大。譬如惡魔波旬，於他化自在天，色力壽命，眷屬衆具，自在殊勝，如是無明住地力，於有愛數四住地其力最勝，恒沙等數上煩惱依，亦令四種煩惱久住，阿羅漢、辟支佛智所不能斷，惟如來菩提智之所能斷，如是，世尊！無明住地爲最大力。」

「世尊！又如取緣有漏業因而生三有，如是無明住地緣無漏業因，生阿羅漢、辟支佛、大力菩薩三種意生身，此三地彼三種意生身生及無漏業生，依無明住地有緣非無緣，是故三種意生身及無漏業緣無明住地。世尊！如是有愛住地數四住地，不與無明住地業同，無明住地是離四住地，佛地所斷，佛菩提智所斷。何以故？阿羅漢、辟支佛斷四種住地，無漏不盡，不得自在力，亦不作證；無漏不盡者，即是無明住地。世尊！阿羅漢、辟支佛、最後身菩薩，爲無明住地之所覆障故，於彼法不知不覺，以不知見故，所應斷者不斷不究竟，以不斷故，名有餘過解脫，非離一切過解脫；名有餘清淨，非一切清淨；名成就有餘功德，非一切功德；以成就有餘解脫、有餘清淨、有餘功德故，知有餘苦，斷有餘集，證有餘滅，修有餘道，是名得少分涅槃，得少分涅槃者，名向涅槃界；若知一切苦，斷一切集，證一切滅，修一切道，於無常壞世間、無常病世間，得常住涅槃，於無覆護世間、無依世間，爲護爲依。何以故？法無優劣故得涅槃，智慧等故得涅槃，解脫等故得涅槃，清淨所故得涅槃，是故涅槃一味等味，謂解脫味。」

「世尊！若無明住地不斷不究竟者，不得一味等味，謂明解脫味。何以故？無明住地不斷不究竟者，過恒沙等所應斷法不斷不究竟，過恒沙所應斷法不斷故，過恒沙等法應得不得，應證不證，是故無明住地積聚，生一切修道斷煩惱上煩惱，彼生心上煩惱、止上煩惱、觀上煩惱、禪上煩惱、正受上煩惱、方便上煩惱、智上煩惱、果上煩惱、得上煩惱、力上煩惱、無畏上煩惱，如是過恒沙等上煩惱，如來菩提智所斷，一切皆依無明住地之所建立，一切上煩惱起皆因無明住地，緣無明住地。世尊！於此起煩惱，刹那心刹那相應。世尊！心不相應無始無明住地。世尊！若復過於恒沙如來菩提智所應斷法，一切皆是無明住地所持所建立。譬如一切種子皆依地生建立增長，若地壞者彼亦隨壞，如是過恒沙等如來菩提智所應斷法，一切皆依無明住地生建立增長；若無明住地斷者，過恒沙等如來菩提等所應斷法皆亦隨斷。如是一切煩惱上煩惱斷，過恒沙等如來所得一切諸法通達無礙，一切智見，離一切過惡，得一切功德，法王法主，而得自在，登一切法自在之地，如來應等正覺正獅子吼，我生已盡，梵行已立，所作已辦，不受後有，是故世尊以獅子吼，依於了義一向記說。」

「世尊！不受後有智有二種，謂如來以無上調御降伏四魔，出一切世間，爲一切衆生之所瞻仰，得不思議法身，於一切爾炎地，得無礙法，自在於上，更無所作，無所得地，十方勇猛，昇於無上無畏之地，一切爾炎無礙智觀，不由於他，不受後有智獅子吼。世尊！阿羅漢、辟支佛，度生死畏，次第得解脫樂，作是念：我離生恐怖，不受生死苦。世尊！阿羅漢、辟支佛觀察時，得不受後有觀，第一蘇息處（印度語，中國譯作小乘所說灰身滅智之註等等）涅槃地。世尊！彼先所得地，不愚於法，不由於他，亦自知得有餘地，必當得阿耨多羅三藐三菩提。何以故？聲聞、緣覺乘皆入大乘即是佛乘，是故三乘即是一乘，得一乘者，得阿耨多羅三藐三菩提，阿耨多羅三藐三菩提者即是涅槃界，涅槃界者即是如來法身，得究竟法身者，則究竟一乘，無異如來，無異法身，如來即法身，得究竟法身者則究竟一乘，究竟者，即是無邊不斷。」

又云：「阿羅漢、辟支佛不成就一切功德，言得涅槃者是佛方便，惟有如來得般涅槃，成就無量功德故；阿羅漢、辟支佛成就有量功德，言得涅槃者是佛方便，惟有如來得般涅槃，成就不可思議功德故；阿羅漢、辟支佛成就思議功德，言得涅槃者是佛方便，惟有如來得般涅槃，一切所應斷過皆應斷滅，成就第一清淨故；阿羅漢、辟支佛有餘過，非第一清淨，言得涅槃者是佛方便，惟有如來得般涅槃，爲一切衆生之所瞻仰，出過阿羅漢、辟支佛、菩薩境界。」

觀于上文經說，則無始無明出於《勝鬘經》，毫無疑問。所稱無明住地，即無始無明住地，阿羅漢、辟支佛尚不能斷，惟佛方便以菩提智，斷此住地之障覆，成就第一清淨，爲一切衆生之所瞻仰。

唐朝窺基法師所著《瑜伽師地論略纂》卷八有云：「《勝鬘經》說：『有五住地：一、見一處住地。二、欲愛住地。三、色愛住地。四、有愛住地。五、無明住地。』前四煩惱障，後一所知障。彼經自說無明住地，聲聞、辟支佛所不能斷，惟爲如來佛菩提智所能斷故，由此定知是所知障。唯識第九與經說同，煩惱障四中，初一見道斷，後三修道斷。對法論說，發業無明有二：一、真實義愚發福不動行。二、異孰愚發非福行。此二皆惟見道所斷。《緣起經》說：『諸聖有學，不共無明已永斷，故不造新業。』唯識亦言：『正發業者，唯見所斷，助者不定，故唯取彼見一處住地所有無明。』然此有三：一、惟發總業。二、惟發別業。三、通發二業。今取初後二業無明，故言惟取能發正感後世善惡業者。然此有四：一、相應。二、不共。三、纏。四、隨眠。皆能發業，外道、內道、異生、放逸、不放逸，其所應用四無明發業皆別，如《緣起經》自廣分別。」又卷十三云：「無明中皆言前際者，發業無明名爲前際，而觸受俱能起受取，潤生無明名爲後際。」按窺基法師所說，無明一惟發總業即前際，即無始無明，亦名發業無明；三發別業與通發二業即後際，即妄念無明，亦名潤生無明。

《楞嚴經》云：「汝等必欲發菩提心，於菩薩乘生大勇猛決定，棄捐諸有爲相，應當審詳煩惱根本，此無始來發業潤生，誰作誰受？阿難！汝修菩提若不審觀煩惱根本，則不能知虛妄根塵何處顛倒，處尚不知，云何降伏，取如來位？阿難！汝觀世間解結之人，不見所結，云何知解？不聞虛空被汝隳裂。何以故？空無形相，無結解故。則汝現前眼、耳、鼻、舌及與身、心，六爲賊媒自劫家寶，由此無始衆生世界生纏縛故。」論此一大段經語，明明將發業、潤生兩無明舉出，發業無明即無始無明，潤生無明即妄念無明。上文窺基法師亦已明白舉出，則其區別彰彰明甚。

元品無明，是一切衆生所迷之元初根本，故名根本無明。此無明與真如之無始皆爲無始，故名無始無明。然則此元品無明，爲無始生死之根元也，若斷之則一念即成佛之位也（見《佛學辭典》）。

無始無明，就是根本無明，本來清清淨淨一無所染，但如窺基法師所說，觸受亦能起受取，故無始無明若受刺激即變妄念無明，由妄念無明去染復淨，亦即復元爲無始無明，始一念之間，可以往復相對；佛性是絕對的，是以欲見佛性，須將無始無明打破，始到明心見性達到究竟。也有以爲「破妄念，到無始無明境界」便是究竟，此則千百年來多所錯誤，亟待修正者也。至於如何能將無始無明打破？大乘用功用六根隨便那一根，但我們南贍部洲的人，即是這地球的人，以眼、耳、意三根爲利，考察大人用功，用眼究爲多數。如用眼根，眼就不向外看，向內看到清清淨淨，再向前看，囫的一聲即可打破無始無明見到佛性。

《楞嚴經》阿難白佛曰：「世尊！我昔見佛與大目連、須菩提、富樓那、舍利弗四大弟子共轉法輪，常言：『覺知分別心性，既不在內，亦不在外，不在中間，俱無所在，一切無著，名之為心。』則我無著，名為心不？」佛告阿難：「汝言覺知分別心性，俱無在者。世間虛空水陸飛行，諸所物象名為一切，汝不著者，為在？為無？無則同於龜毛兔角，云何不著？有不著者，不可名無。無相則無，非無則相，相有則在，云何無著？是故應知一切無著名覺知心，無有是處。」

讀此可知無相無著，祇能達到無始無明境界，尚未見佛性，故無有是處。

又《楞嚴經》云：「爾時，世尊開示阿難及諸大衆，欲令心入無生法忍，於師子座摩阿難頂，而告之言：『如來常說：諸法所生惟心所現，一切因果世界微塵因心成體。阿難！若諸世界一切所有，其中乃至草葉縷結，詰其根元咸有體性，縱令虛空亦有名貌，何況清淨妙淨明心性一切心而自無體？若汝執恡分別覺觀所了知性必為心者，此心即應離諸一切色、香、味、觸諸塵事業別有全性。如汝今者承聽我法，此則因聲而有分別，縱滅一切見聞覺知，內守幽閑，猶為法塵分別影事。我非敕汝執為非心，但汝於心微細揣摩，若離前塵有分別性，即真汝心；若分別性離塵無體，斯則前塵分別影事。塵非常住，若變滅時，此心則同龜毛兔角，則汝法身同於斷滅，其誰修證無生法忍？』即時阿難與諸大衆默然自失。佛告阿難：『世間諸修學人，現前雖成九次第定，不得漏盡成阿羅漢，皆由執此生死妄想誤為真實，是故汝今雖得多聞，不成聖果。』」

讀此可見縱滅一切見聞覺知，內守幽閑，仍未能破無始無明，不能證無生法忍。無始無明，上文引《勝鬘經》所說。其他見諸各經者，如《華嚴經》、《涅槃經》、《報恩經》、《心地觀經》、《大般若經》、《楞伽經》、《圓覺經》、《大梵天王問佛決疑經》等，《傳燈錄》、《指月錄》、《五燈會元》均有詳細之載述。

二、妄念無明。出《大寶積經》，詳說十二因緣。其大意因補特伽羅（印度語，譯作中陰身，即靈性）起一念，叫做無明，無明是迷昧不明的意思；看見男女交合，起心動念進行參加，就爲行；一參加，便即墮落胎中，這箇即是過去的煩惱行集諦。識是業識，就是中陰身被業牽動，來已投胎；名色是在胎中時，色身還沒有成就，那受、想、行、識四陰，衹有名目沒有色質；六入是在胎中開張，六塵所入的地方，就是六根生成功了；觸是出了胎之後，六根觸著六塵；受是領受順的和逆的境界。這五件是今世所受的果，現在苦患的果苦諦。愛是對於塵境有所愛好，取是取看歡喜的事情，有字是業字的意思，這三件是現在造的業，就會有將來的報應，就是煩惱業行的因集修。生是跟隨播下的種子再來受生，就一定有老有死，這二件是來世當受的果，就是未來的苦患果苦諦。我們過去、現在、未來，都是因爲一念無明受

茲將十二因緣因果詳列下圖：

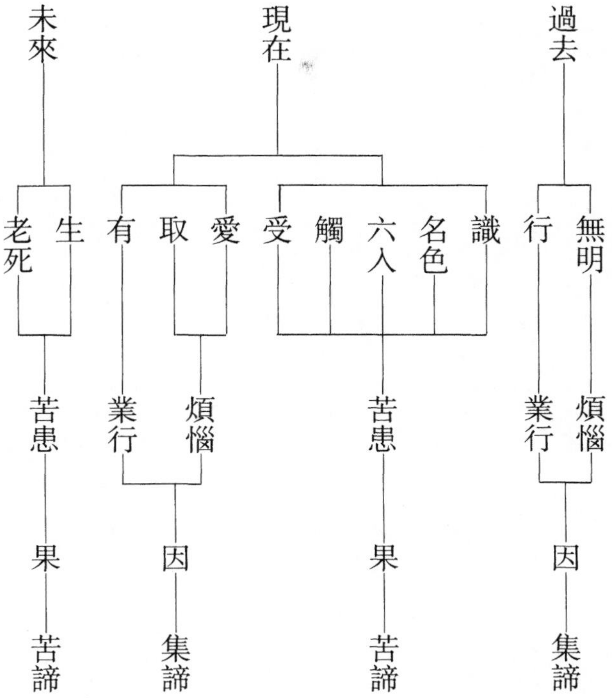

輪迴名生死，假如我們將此一念無明滅了，過去、現在、未來、生死一概都沒有，無明滅、行滅、識滅、名色滅、六入滅、觸滅、受滅、愛取滅、有滅、生滅、老死滅。

以上所述係中乘破妄念無明境界，滅時是破，但一動念又生，總是破不了的，蓋斷妄念是暫時斷的，不能維持永久，更與破無始無明見佛性迥然不同。妄念無明，亦名潤生無名。

三、真如恒不受薰染。出《華嚴經》七十三卷。經云：「佛性清淨，無染無亂，無礙無厭，不受薰染。」又云：「法身無染，究竟清淨。」蓋無始無明受薰染便是妄念無明，妄念一斷又復元無始無明，故可能受薰染者是無始無明不是佛性，佛性是絕對清淨的。一般人常說：「由真起妄，返妄歸真。」佛經無此語，這是外道的曲解。

四、真如恒守本性。出《華嚴經》第三十卷。經云：「譬如真如，恒守本性，無有改變。善根迴向，亦復如是，守其本性，始終不改。」伏讀此數語，真如恒守本性是鐵證無疑的。今人每以水譬喻真如，言水動時爲波，不動還元是水；又譬喻動時是冰，冰還元時仍是水，這也是誤以無始無明爲真如。無始無明有動念，不能守；若真如，是永遠守，如因破無始無明，始達真如境界也。

五、真如不變易。出《華嚴經》第三十卷。經云：「譬如真如，無有變易。善根迴向，亦復如是，愍念衆生，心無變易。」伏讀此數語，一般人以水喻佛性，妄念比風濤，衆生起妄念便背覺合塵，如水之遇風起波浪；妄念斷背塵合覺，復回佛性，風濤息回復平水，此又是誤以無始無明爲佛性。蓋真如是不變易的，可變易的是無始無明，無始無明受了薰染便動妄念，由一念、二念，以至千萬念；斷了妄念，復歸於一，復元於無始無明，不是真如也。

六、真如無緣起。出《維摩詰經》。經云：「法常寂然，滅諸相故；法離於相，無所緣故。」又《華嚴經》云：「譬如真如，體性無生。」無生便無緣起。今人每言受外緣攀接，這是無始無明之接受，不是真如，其義與上述數則大致相同。

七、離四句。出《楞伽經》。經説佛性本體清淨，根本就未有「有、無、非有非無、亦有亦無」這四句解釋。一般人談空妙的道理，以爲不著頑空，要著真空，更要空不空，又是有，又是無，非有非無，亦有亦無，以爲是佛性空靈境界，亦是誤會，其造詣亦是無始無明境界，非真如也。

八、中道。出《大般涅槃經》。經云：「中道者，名爲佛性，以是義故，佛性常恒，無有變易，不得第一義空，不行中道。」「得第一義空，即明心見性，佛性徧虛空，名爲中道。」第一義空，就是見佛性，出《楞伽經》。一般人以「前念已滅，後念未起，中間是」來解釋中道，不知此是無始無明，並非中道，佛經中亦無此語也。

九、無上正等正覺。各經典中均有此言，係指見了佛性成大覺，是絕對的，不是相對的覺悟。一般人解釋，以爲一念覺便是佛，一念迷是衆生，此與迷字相對之覺，是腦筋見聞覺知之覺，不是佛性的大覺。「不怕妄起，衹怕覺遲」、「以妄除妄」，佛經中全無此說，所言除妄、所言覺，均是無始無明境界。

十、見聞覺知。出《維摩詰經》。經云：「法不可見聞覺知，若行見聞覺知，是則見聞覺知，非求法也。」讀此可見見聞覺知全是腦筋作用，與佛性相離甚遠，縱滅見聞覺知不著妄念，衹到無始無明境界。《阿含經》以靈性内分四部（見聞覺知），外分六根，斷六根使之清清淨淨，是小乘所修之果，均未見佛性也。

茲再詳述，小乘所修的法「苦、集、滅、道」叫做四諦，苦是受報的苦果，集是招果的因，滅是斷招果的因，道是寂滅樂的果。修持的法就是知苦、斷集、慕滅、修道的意思，諦是審實不錯的意思。修的方法，將六根斷倒，澄心靜慮，清清淨淨的靜到祇有一點淨念，就是小乘所達的境界。圖表如左：

靈性裡面祇有清清淨淨的一念

淨緣		見	起一念	眼
		聞	起一念	耳
	靈性內分四部		起一念	鼻
		覺	起一念	舌
			起一念	身
染緣		知	起一念	意
				外分六根

有善、惡、是、非、愛、喜、怒、哀、樂、欲、煩惱、思想種種俱全，是受薰染有漏的，人人的不是一樣。

苦是果，就是我們招受的苦果。最普偏的就求不得苦、愛別離苦、怨憎會苦、五陰熾盛苦。苦處的地方太多不能盡說，各人的苦各人知，如人飲水，冷暖自知。

我們的苦，是從甚麼地方來的？就是我們的眼睛看見印象，在性靈裏面見的一部份；耳聽得的印象，在性靈裏面聞的一部份；鼻子所嗅的、舌頭所嚐的、身子所感觸的，印象在性靈裏面覺的一部份；意思所想的印象，在靈性裏面知的一部份。一部份所有印象，在靈性見聞覺知四部份收藏的，謂之染緣。苦果是從因得來的，集是因，因就是六根招集來的，就是我們眼看見的、耳聽聞的、鼻所嗅的、舌所嚐的、身子所感觸的、意思所思想的所招集的，是因感受的是苦果。我們想斷苦果，不能從苦果上斷，必定要從集因上斷。滅是滅集因，眼不見、耳不聞、鼻不嗅、舌不嚐、身不感觸、意不思想，六根統統斷了，靈性裏面衹有清清淨淨的一念，是寂靜的快樂，就甚麼苦處都沒有。道是果，就是得了寂靜快樂的道果，如明鏡現前，無一點灰塵、以妄除妄、捨妄取真、歷歷孤明、非空非有、亦空亦有、隨緣不變、不變隨緣、清淨無爲的淨緣境界。

十一、一切眾生皆有佛性。出《梵網經》。經文本意，是明言衆生皆有佛性，皆可成佛，非謂原來是佛也。

十二、見性成佛。出《大梵天王問佛決疑經》。可檢該經詳閱。

十三、父母未生以前不是佛，是中陰身。見《大般涅槃經》。

十四、中陰身起妄念入母胎。見《大般涅槃經》。

十五、一切眾生本來不是佛。出《圓覺經》。金剛藏菩薩問佛：「世尊！若諸眾生本來成佛，何故復有一切無明？若諸無明眾生本有，何因緣故，如來復說：『本來成佛。』十方異生本成佛道，後起無明？一切如來，何時復生一切煩惱？」

金剛藏菩薩問的目的分三種：一、衆生本來是佛，怎樣會有無明？二、無明衆生本來有的，爲甚麼佛說「本來成佛」？三、十方衆生先有佛性，後起無明，那一天才能成佛，那一天才能生死沒有？釋迦佛告訴他：「善男子！一切世界始終生滅，前後有無聚散起止，念念相續循環往復，種種取捨皆是輪迴，未出輪迴而辨圓覺，彼圓覺性即同流轉，若免輪迴無有是處。譬如動目能搖湛水；又如定眼猶迴轉火；雲駛月運、舟行岸移，亦復如是。善男子！諸旋未息，彼物先住尚不可得，何況輪轉生死垢心曾未清淨，觀佛圓覺而不旋復？」

見佛性法門和哲學科學不同，哲學科學可用腦筋測度思量得到的，釋迦佛告訴我們，見佛性的法門要親自用功，破了無始無明，然後才知道佛性的，你未見佛性，你來辯論佛性是沒有用的。譬如一箇廣東人，根本未到過北平，同北平人講北平的風景，他說的北平人知道，而北平人所說的，他就不知道了。大乘法門無論如何定要先明心見性，然後才能說大乘佛法。你未見佛性，你來辯論佛性，始終沒有用的。

佛性、無始無明、靈性、見聞覺知、一念無明、六根，是無始以來一齊有的，不能說那樣先有那樣後有，是一齊有的。無始無明是無始有終，除此之外俱是無始無終。我們破無始無明見佛性後，永久不會變為衆生。釋迦佛告金剛藏菩薩：「善男子！如銷金鑛，金非銷有，既已成金，不重為鑛，經無窮時，金性不壞，不應說言本非成就。如來圓覺，亦復如是。善男子！一切如來妙圓覺心，本無菩提及與涅槃，亦無成佛及不成佛，無妄輪迴及非輪迴。善男子！但諸聲聞所圓境界，身心語言皆悉斷滅，終不能至彼之親證所現涅槃，何況能以有思惟心測度如來圓覺境界？如取螢火燒須彌山，終不能著；以輪迴心生輪迴見，入於如來大寂滅海，終不能至。」

這一段是證明不能說佛性先有，無明後有，亦不能說靈性先有，佛性後有，五種皆是一齊的。破無明見佛性後，見聞知覺、一念無明、六根統統變為佛性，永久不會變衆生，不會做衆生，譬比金鑛成金後，永久不會成鑛砂。一般人說衆生本來是佛，因一念不覺，從佛性起一妄念，妄念斷返妄歸真。妄念起是衆生，妄念斷是佛，照這樣說來，豈不是成佛有輪迴？佛經中沒有這樣說，是後人僞作的。妄念是從無始無明起，不是從佛性起。經裏面說：「一切衆生皆有佛性，我是已成之佛，汝等是未成之佛。」一切衆生本來是衆生，衆生有佛性，破無始無明見佛性後，永久不會變爲衆生。譬比金子本來不是金子，本來是金砂，將金砂鍛成金後，永久是金子，再不會變金砂。衆生本來不是佛，就譬喻金子本來不是金子，本來是金砂，其反覆說明最爲明白。

十六、背覺合塵，滅塵合覺。出《楞嚴經》。經云：「衆生迷悶，背覺合塵，故發塵勞，有世間相。我以妙明不滅不生，合如來藏，而如來藏惟妙覺明，圓照法界，是故於中，一爲無量，無量爲一，小中現大，大中現小，不動道場偏十方界，身含十方無盡虛空，於一毛端現寶王刹，坐微塵裏轉大法輪，滅塵合覺，故發真如妙覺明性。」誦此段經語，本來衆生就是衆生不是佛，惟具佛性，因迷悶而背覺合塵，故發塵勞而有諸相。應先破發業無明，使之滅塵合覺，既破之後見了佛性，即不再合塵背覺矣。一般人以爲衆生本來是佛，因妄念起背覺合塵是衆生，妄念斷滅塵合覺是佛，這是錯誤。妄念不是從佛性來，是從無始無明來的，所謂「由真起妄，返妄歸真」、「由無生有，有歸於無」，同一道理，皆是無始無明作用，非佛性也。

十七、空如來藏，不空如來藏。出《勝鬘經》。經云：「如來藏者，是如來境界，非一切聲聞緣覺所知。如來藏處，說聖諦義，如來藏處甚深，故說聖諦亦甚深。微細難知，非思量境界，是智者所知，一切世界所不能信。」又云：「若於無量煩惱藏所纏，如來藏不疑惑者，於出無量煩惱法身亦無疑惑，於說如來藏如來法身不思議佛境界。」又云：「自性清淨，離一切煩惱藏。世尊！過於恒沙不離不脫不異不思議佛法成就，說如來法身。世尊！如是如來法身！不離煩惱藏，名如來藏。」又云：「世尊！如來藏智，是如來空智。世尊！如來藏者，一切阿羅漢、辟支佛、大力菩薩本所不見，本所不得。世尊！有二種如來藏空智。世尊，空如來藏，若離若脫，若異一切煩惱藏。世尊！不空如來藏，過於恒沙不離不脫不異不思議佛法。」誦經語可知，如來藏是無上甚深微妙之法，是佛境界，小乘聲聞、中乘緣覺所不知不見的。法身是佛性不離煩惱，是名如來藏。《華嚴經》說：「佛法即世間法，世間法即佛法，不能於佛法分別世間法，亦不能於世間法分別佛法。」由此可證明如來法身不離煩惱之義。所謂空如來藏就指離煩惱，不空如來藏就是不離煩惱，空與不空見了佛性之後，是一是二。一般人以爲不可著空，亦不著不空，恍兮惚兮，亦是無始無明境界，根本就没有如來藏矣。

十八、奇哉，一切眾生具有如來智慧德相，但以妄想執著而不證得。出《華嚴經》，釋迦佛見了佛性後所說。是言一切衆生本有佛性，衹因妄想迷昧不能見性，是以用功須切切實實，尋回原有之寶。小乘斷六根六塵修四諦、中乘修十二因緣，皆是循此用功，但其究竟到得清清淨淨，亦是無始無明境界，須再將無始無明打破，始能證得也。一般人以爲衆生即是佛，因有妄念執著便不證得，務將妄念斷絕，達到不著有，亦不著無，不著非有非無、亦有亦無，若以爲復回佛性，殊屬錯誤。

十九、佛法分三乘。出《勝鬘經》。經云：「求聲聞者，授聲聞乘；求緣覺者，授緣覺乘；求大乘者，授以大乘。」《法華經》云：「爲求聲聞者，說應四諦法，度生、老、病、死，究竟涅槃；爲求辟支佛者，說應十二因緣法；爲諸菩薩說應六波羅蜜，令得阿耨多羅三藐三菩提，成一切種智。」三乘之稱，其他散見各經者不可勝數，今就上文所引二經明明白白說出。小乘是斷六根，修四諦法；中乘是斷妄念，修十二因緣法；至於大乘，幾與二乘相反，不斷六根，利用六根中之任一根，以打破無始無明，不斷動念，利用觀照般若以見實相般若，是修六波羅蜜。六波羅蜜：一、布施。二、持戒。三、忍辱。四、精進。五、禪那。六、般若。此六波羅蜜，般若是悟後之智慧，前四項人多明瞭，祇第五項禪那，禪那是印度語，華言靜慮，靜慮之用功，亦以破無始無明爲目的，故須利用六根以破之也。一般人誤解佛法祇有二乘，以爲佛性起妄念，將妄念斷盡返妄歸真，發心度衆生是大乘，不發心度衆生是小乘。不知起妄念不是佛法，是無始無明；返妄歸真亦是無始無明。佛經無佛性起妄念之說，此理是老子天下萬物生於有，有生於無，三乘法看照這樣說，一乘也未談到。

一般修止觀門，止一切境界，觀分別因緣生滅，隨念遣除，以心除心，不依形相，亦不依於空，此亦是無始無明境界，即莊子遣之又遣的方法，實未到見性地位，故須再進一步用功也。「以心除心」佛經未有這句話。

一般人以爲一念覺便是佛性，不發心度衆生是小乘，發心度衆生是大乘，也是錯誤。一念覺是儒家良知良能境界，「一念覺是佛」經裏亦未有這句話。

二十、見了佛性之後，於此無修。出《圓覺經》。經云：「善男子！此菩薩及末世衆生，修習此心得成就者，於此無修，亦無成就，圓覺普照，寂滅無二。」蓋菩薩及衆生見了佛性之後，便是具足法性，一切法性平等不壞，亦不迷悶故也。溈山和尚說：「汝等豁然貫通，修不修是兩頭話，除卻習氣便是修。」可以悟矣。

三、如何能將無始無明打破

欲見佛性須將無始無明打破，明心見性與佛同體，再不復為衆生，但如何可以將無始無明打破，須有詳細之解說。《梵網經》云：「一切衆生皆有佛性。」《華嚴經》言「法身」、言「真如」、言「菩提心」，《大般涅槃經》言「實相」，《大般若經》言「般若」、言「無餘涅槃」……皆指此佛性者也。佛法本是一乘，為方便故別為三乘，即小乘、中乘、大乘。小乘淨六根，修四諦；中乘滅妄念無明，修十二因緣；大乘破無始無明，修六波羅蜜。故全部經典浩如煙海，究竟從那一經用功，可以將無始無明打破？茲先將各經略為分別。凡經中說修四諦者是小乘，說修十二因緣者是中乘，說修六波羅蜜者是大乘，其中有四諦、十二因緣、六波羅蜜並舉者，可以其主旨為依皈，蓋三乘歸於一乘，亦多有階段貫通者也。千百年來，本是大乘經典者，但以小乘、中乘見解釋之，如《般若波羅蜜多心經》、《金剛經》，均屬大乘精華，如祇以淨六根、斷妄念，便以為經中要旨，此則竊以為多有未當者也。六波羅蜜中，第五度禪那即明心見性、破無始無明之方法，行者若能勤將大乘經典細爲參證，不涉歧途，終可豁然見性。三乘本是一乘，但其用功法門頗有牴觸之點。小乘斷六根，中乘斷妄念，而大乘則不斷六根、不斷妄念，反利用六根以破無始無明。蓋佛說小乘、中乘係爲方便之門，其份位階段本有淺深先後，中小乘當然是佛法，但非以此爲究竟，應以大乘破無始無明、明心見性爲究竟。

《法華經》云：「諸佛世尊，唯以一大事因緣故出現於世。舍利弗！云何名諸佛世尊，唯以一大事因緣故出現於世？諸佛世尊欲令衆生開佛知見，使得清淨故，出現於世；欲示衆生佛之知見故，出現於世；欲令衆生悟佛知見故，出現於世；欲令衆生入佛知見道故，出現於世。舍利弗！是爲諸佛以一大事因緣故，出現於世。」

「佛告舍利弗：『諸佛如來但教化菩薩，諸有所作常爲一事，唯以佛之知見示悟衆生。舍利弗！如來但以一佛乘故，爲衆生說法，無有餘乘，若二若三。舍利弗！一切十方諸佛，法亦如是。舍利弗！過去諸佛，以無量無數方便、種種因緣、譬喻言辭，而爲衆生演說諸法，是法皆爲一佛乘故，是諸衆生，從諸佛聞法，究竟皆得一切種智；舍利弗！未來諸佛當出於世，亦以無量無數方便、種種因緣、譬喻言辭，而爲衆生演說諸法，是法皆爲一佛乘故，是諸衆生，從佛聞法，究竟皆得一切種智；舍利弗！現在十方無量百千萬億佛士中，諸佛世尊多所饒益，安樂衆生，是諸佛亦以無量無數方便、種種因緣、譬喻言辭，而爲衆生演説諸法，是法皆爲一佛乘故，是諸衆生從佛聞法，究竟皆得一切種智。舍利弗！是諸佛但教化菩薩，欲以佛之知見示衆生故，欲以佛之知見悟衆生故，欲令衆生入佛之知見故。舍利弗！我今亦復如是，知諸衆生有種種欲，深心所著，隨其本性，以種種因緣、譬喻言辭、方便力而爲説法。舍利弗！如此皆爲得一佛乘、一切種智故。舍利弗！十方世界中尚無二乘，何況有三？舍利弗！諸佛出於五濁惡世，所謂劫濁、煩惱濁、衆生濁、見濁、命濁。如是，舍利弗！劫濁亂時，衆生垢重，慳貪嫉妒，成就諸不善根故，諸佛以方便力，於一佛乘，分別説三。舍利弗！若我弟子，自謂阿羅漢、辟支佛者，不聞不知諸佛如來但教化菩薩事，此非佛弟子、非阿羅漢、非辟支佛。又，舍利弗！是諸比丘、比丘尼，自謂已得阿羅漢，是最後身、究竟涅槃，便不復志求阿耨多羅三藐三菩提，當知此輩皆是增上慢人。所以者何？若有比丘實得阿羅漢，若不信此法，無有是處。除佛滅度後，現前無佛。所以者何？佛滅度後，如是等經，受持讀誦解義者，是人難得，若遇餘佛，於此法中，便得決了。舍利弗！汝等當一心信解，受持佛語，諸佛如來言無虛妄，無有餘乘，唯一佛乘。』」

又云：「佛以方便力，示以三乘教。」又云：「十方佛土中，唯有一乘法，無二亦無三，除佛方便說。但以假名字，引導於衆生，說佛智慧故。諸佛出於世，唯此一事實，餘二則非真。」觀此，可知佛說三乘爲方便衆生之苦心，因階段不同，致有淺深先後之異。

吾人修持冀將無始無明打破，須先將下列四種詳爲瞭解。

㈠、甚麼是佛性。佛性本自清淨，如《華嚴經》所舉九十九種譬如，已將佛性解釋得清清楚楚，無可再爲解說了。

釋迦佛六年雪山修行，其所得之結果，即見此「佛性」，畢生奔走宣說者，其目的亦即欲人共見此「佛性」也。此乃佛之一大發明，亦人類史上一極大發明，照耀於千古，故亦即學佛及研究佛學者一先決問題。倘對「佛性」無明晰之瞭解，則必陷於二乘謬誤之途，所謂失之毫釐，差之千里也。自佛滅度以來，若干祖師大德因對此問題未能深切認識，以致造成錯誤之理論者不可勝數，甚至對佛經之註疏亦多誤解，使佛之本意陷於歪曲。故余特先提出此一大問題，作扼要之闡明，並於大乘各重要經典中，舉出若干顯明之解釋以證明之，於各宗重要言論著述中，舉出若干正當或錯誤之解釋，以及復闡明之，使讀者於此得一明晰之概念。此「佛性」問題如能解決，則其他問題可以迎刃而解矣。

甚麼叫做絕對？就是佛經裏面說的無上正等正覺，就是說佛性無有那樣比對得上。經裏又說：「譬如真如，無有對比。」

絕對的佛性，究竟是甚麼樣子？佛性叫做本來面目，又叫做法身，又叫做真如。《華嚴經》發揮真如佛性之理尤詳，〈十迴向品〉云：「勤修一切出世間法，於諸世間無取無依，於深妙道正見牢固，離諸妄見，了真實法。譬如真如，偏一切處，無有邊際……；譬如真如，真實爲性……；譬如真如，恒守本性，無有改變……；譬如真如，以一切法無性爲性……；譬如真如，無相爲相……；譬如真如，若有得者，終無退轉……；譬如真如，一切諸佛之所行處……；譬如真如，離境界相而爲境界……；譬如真如，能有安立……；譬如真如，性常隨順……；譬如真如，無能測量……；譬如真如，充滿一切……；譬如真如，常住無盡……；譬如真如，無有比對……；譬如真如，體性堅固……；譬如真如，不可破壞……；譬如真如，照明爲體……；譬如真如，無所不在……；譬如真如，偏一切時……；譬如真如，性常清淨……；譬如真如，於法無礙……；譬如真如，爲衆法眼……；譬如真如，性無勞倦……；譬如真如，體性甚深……；譬如真如，無有一物……；譬如真如，性非出現……；譬如真如，離衆垢翳……；譬如真如，性無與等……；譬如真如，體性寂靜……；譬如真如，無有根本……；譬如真如，體性無邊……；

譬如真如，體性無著……；譬如真如，無有障礙……；譬如真如，非世所行……；譬如真如，體性無住……；譬如真如，性無所作……；譬如真如，體性安住……；譬如真如，與一切法而共相應……；譬如真如，一切法中性常平等……；譬如真如，不離諸法……；譬如真如，一切法中畢竟無盡……；譬如真如，與一切法無有相違……；譬如真如，普攝諸法……；譬如真如，與一切法同體性……；譬如真如，與一切法不相捨離……；譬如真如，無能映蔽……；譬如真如，不可動搖……；譬如真如，性無垢濁……；譬如真如，無有變易……；譬如真如，不可窮盡……；譬如真如，性常覺悟……；譬如真如，不可失壞……；譬如真如，能大照明……；譬如真如，不可言說……；譬如真如，持諸世間……；譬如真如，隨世言說……；譬如真如，徧一切法……；譬如真如，無有分別……；譬如真如，徧一切身……；譬如真如，體性無生……；譬如真如，無所不在……；譬如真如，徧在於夜……；譬如真如，徧在於晝……；譬如真如，徧在半月以及一月……；譬如真如，徧在年歲……；譬如真如，徧成壞劫……；譬如真如，盡未來際……；譬如真如，徧住三世……；譬如真如，徧一切處……；譬如真如，住有無法……；譬如真如，體性清淨……；譬如真如，體性明潔……；譬如真如，體性無垢……；譬如真如，無我我所……；譬如真如，體性平等……；譬如真如，超諸數量……；譬如真如，平等安住……；譬如真如，徧住一切諸衆生界……，譬如真如，無有分別，普住一切音聲智中……，譬如真如，永離世間……，譬如真如，體性廣大……，譬如真如，無有間息……，譬如真如，體性寬廣，徧一切法……，譬如真如，徧攝羣品……，譬如真如，無所取著……，譬如真如，體性不動……，譬如真如，是佛境界……，譬如真如，無能制伏……，譬如真如，非是可修，非不可修……，譬如真如，無有退捨……，譬如真如，普攝一切世間言音……，譬如真如，於一切法無所希求……，譬如真如，住一切地……，譬如真如，無有斷絕……，譬如真如，捨離諸漏……，譬如真如，無有少法而能壞亂，令其少分非是覺悟……，譬如真如，過去非始，未來非末，現在非異……，譬如真如，於三世中無所分別……，譬如真如，成就一切諸佛、菩薩……，譬如真如，究竟清淨，不與一切諸煩惱俱。」此乃佛祖就其親證之真如佛性境界，用語言方便以昭示衆生，衆生聞之，或茫然不知所云，或略知其大意。

佛性不能離開萬物，萬物亦不能離開佛性，佛性和物體合一，便是絕對的實在的存在。佛性是終極的真實，所以如如不動，第一運動者是不動的，因爲一切運動由此發生，倘佛性能變動，則必探求其動之原因，而不是終極的實在了，所以真實和最後的原因必須是不動的。佛性是無限的，完全超越於有限之上，沒有言語、沒有思想可以相當佛性之無限，它是不可思議的，它的本質不是理性之所能達的。佛性不在內不在外，而是無所不在，存在於宇宙萬物之內，亦存在於衆生之內。人人明心見性，不是依由思想，而是靠一種內在的超乎思想感覺的頓悟。

㈡、甚麼是無始無明。無始無明即發業無明，上文所述窺基法師所言，各節至爲詳盡。可以想見的清清淨淨、黑黑闇闇、空空洞洞，禪宗所指無明窠臼、黑漆桶底，即無記性，即六祖所言無記空是也。

㈢、四病。四病即止、作、任、滅。《圓覺經》云：「善男子！彼善知識所證妙法，應離四病。云何四病？一者作病。若復有人作如是言：『我於本心作種種行，欲求圓覺。』彼圓覺性非作得故，說名爲病。二者任病。若復有人作如是言：『我等今者不斷生死，不求涅槃，涅槃生死無起滅念，任彼一切隨諸法性，欲求圓覺。』彼圓覺性非任有故，說名爲病。三者止病。若復有人作如是言：『我今自心永息諸念，得一切性寂然平等，欲求圓覺。』彼圓覺性非止合故，說名爲病。四者滅病。若復有人作如是言：『我今永斷一切煩惱，身心畢竟空無所有，何況根塵虛妄境界一切永寂，欲求圓覺。』彼圓覺性非寂相故，說名爲病。離四病者則知清淨，作是觀者名爲正觀，若他觀者名爲邪觀。」

茲將四病分別闡明如下：

一、作病。修行者爲求圓覺佛性，操心太急，用腦筋去揣量測度，或執意修種種善行；心中起一惡思想時，即刻作一段好思想；不怕妄起，祇怕覺遲；以妄除妄，捨妄取真；觀有爲空，觀空爲有；前念已滅，後念未起，中間是。佛性非由造作而得，而是參禪用功時之毛病。

二、任病。修行者知道著意用功勞而無益，於一切放任，不求斷生死，亦不求證涅槃，任思想起亦好、滅亦好，不執著一切相，不住一切相，對境無心，一切無礙，認爲如此便可證圓覺。其實圓覺佛性，非由放任而有，乃是禪病。

三、止病。修行者知道愈是放任，妄念愈多，於是又將諸念停止，使心境寂然平等，如海水不起波，無一點浮漚，以爲如此便可證圓覺。其實妄念停止，不過是見聞覺知中的淨緣，永不能合於佛性，故仍是禪病。

四、滅病。修行者知道妄念雖不起，仍有知有覺，受外境刺激仍能起念，於是索性將一切思想滅盡，無知無覺，根塵俱滅，虛妄永寂，以爲如此便可證圓覺。其實是落在無明窠臼中，永難見佛性，故是禪病。修行者若能離此四病，便不誤入歧途，最爲重要。

佛說末世衆生，欲求善知識，應當求正見，心遠二乘者，法中除四病，謂止、作、任、滅四病，玆又簡要複述於下：

一、止病。將一切思想勉强止住不起，如海水不起波，無一點浮漚。小乘斷六根，清淨寡欲，絕聖棄智，皆此病者。佛性非「止」而合。

二、作病。捨妄取真，將一箇惡思想，改爲一箇好思想，背覺合塵，背塵合覺，破一分無明，證一分法身，皆此病也。佛性非「作」而有。

三、任病。就是思想起也由它，滅也由它，不斷生死，不求涅槃，不執著一切相，不住一切相，照而常寂，寂而常照，對境無心，皆此病也。佛性非「任」而有。

四、滅病。就是將一切思想斷盡了不起，空空洞洞，如同木石一般，中乘破一念無明，皆此病也。佛性非滅而有。

用功有此四病，就是經裏邊說之一切衆生，皆由執我愛，無始妄流轉，未除四種相，不得成菩提。愛憎生於心，諂曲存諸念，是故多迷悶，不得入覺城。

止、作、任、滅都是腦筋的事情，不是佛性。思想起固非佛性，思想不起亦非佛性，思想起伏是生滅法，佛性是不生不滅，兩不相干；惡思想固非真心，好思想亦非真心，好惡是相對，真心是絕對，兩不相干；惡思想固是妄，好思想亦非真，相對不實故；捨取是妄識的作用，不是自性的本體，能捨是妄，所取何真？假心所支配故；前念已滅，後念未起，是空無所有，自性能生萬法，與一無所有是了不相干；背覺合塵固非佛法，背塵合覺亦非菩提，相對待故；將一切思想滅盡，當知真性非從滅思想而有，非從起思想而無，思想一起，真性變作假心，灰塵一來，明鏡成爲黑板，時時要將它拂拭，不是很麻煩的嗎？至於思想任它起亦好、滅亦好，就以爲是不執著一切相，殊不知已經執著一箇「任」字，住「不執著一切相」的相了，就是有心有礙，特不自知而已。

釋迦牟尼佛救濟衆生，願衆生能自度，但恐修持人誤入歧途，故殷殷啓示，切不可犯了四病。《圓覺經》云：「善男子！彼善知識，應離四病。」欲此明白指示，衆生用功必不可從止、作、任、滅去做，如果路是走錯了，車堅馬良，相去愈遠。因犯了四病，便以四相爲佛性，從止、作、任、滅用功，必不能見佛性也。吾國千百年來，關於用功方法，最大錯誤是無始無明與佛性分辨不清，誤以爲無始無明便是佛性。此中最顯著者，莫如六祖與神秀之辯，茲詳述之。神秀說：「身是菩提樹，心如明鏡臺，時時勤拂拭，勿使惹塵埃。」無始無明譬喻鏡子；起妄念如同鏡子起塵埃；時時勤拂拭，就譬喻將妄念斷乾斷淨；莫使惹塵埃，就將譬喻將妄念不要起。無始無明根本就會起妄念，是斷不了、止不了的。譬比龍潭出水，時時有水生出來的，斷了又來，源源不絕，永遠斷不了的。一般人將無始無明誤認爲佛性根本錯誤，無大成就。《維摩詰經》云：「法不可見聞覺知，若行見聞覺知，是則見聞覺知，非求法也。」六祖說：「菩提本無樹，明鏡亦非臺，本來無一物，何處惹塵埃？」六祖已明心見性，故其偈乃表示佛性無生無滅、不垢不淨、不受薰染、本來成佛，乃站在真如果位上而言也。本來無一物，是指佛性根本不起妄念，就不要斷妄念。無始無明會起妄念，佛性本無妄念，從何處起妄？佛性與無始無明分不清楚，學佛用功錯了無大成就，古來誤以無始無明就是佛性實屬大錯。

㈣四相。四相就是：

一、我相，即我執。小乘人斷六根時，「小我」已滅，入於「大我」境界，此時心量廣大，有充滿宇宙之象，清淨寂滅。宋儒所謂「我心宇宙」，莊子所謂「坐忘」（出〈大宗師〉篇），希臘哲學家所謂「大我」、「上帝」，老子所謂「惚兮恍兮，其中有象；恍兮惚兮，其中有物；窈兮冥兮，其中有精」，皆是「我相」境界。

二、人相，即法執。起後念以破前念，譬如前念有我，乃起後念「不認我」而破之，繼而復起一念，以破此「不認我」之念。如是相續，以至無我，破見仍存，悉存「人相」，即此相也。

三、衆生相，亦是法執。凡我相、人相所未到之境界，是衆生相。所謂「前念已滅，後念未起，中間是」是也，此「中」字即衆生相境界。

四、壽者相，即空執。一切思想皆已停止，一切善惡是非皆已忘卻，其中空無所有，如同命根，六祖説是「無記憶空」，二乘誤認爲涅槃境界，其實即「無始無明」，禪宗稱爲「無明窠臼」、「湛湛黑闇深坑」，即此相境界。

以上所舉四項，如能瞭解於心，則佛性斷非如一般人所測度玄之又玄，空而非空，無可尋著，但非以斷六根破妄念，入於四病、墮於四相所能達到。

《圓覺經》云：「善男子！云何我相？謂諸衆生心所證者。善男子！譬如有人，百骸調適，忽忘我身，四肢絃緩，攝養乖方，微入鍼艾，即知有我，是故證取方現我體。善男子！其心乃至證於如來，畢竟了知清淨涅槃，皆是我相。」

然則何謂「我相」乎？「我相」者，指衆生修行時心中所證之一種境界也。此之謂證並非「實證」，乃「誤證」也，謂誤證「我相」境界以爲「自性」也。譬如有人用功之時，停止六根作用，使不爲外界事物所影響，此時百骸調適，四肢絃緩，忽忘我身，須用鍼艾刺灸，方覺有此肉體，此種清淨舒適境界，其心自以爲已證如來，畢境了知清淨涅槃矣，其實皆是「我相」境界也。

「善男子！云何人相？謂諸衆生心誤證者。善男子！悟有我者，不復認我，所悟非我，悟亦如是，悟已超過一切證者，悉爲人相。善男子！其心乃至圓悟涅槃，俱是我者，心存少悟，備殫證理，皆名人相。」

然則「人相」果何如乎？亦是衆生修行時所誤證之一境界也。衆生初誤證「我相」，既而悟「我相」之非「自性」，乃又起一念，不復認我前所證悟，皆知非我，俱予遺除，自以爲超過一切證者，見「自性」矣。豈知此之境界，悉爲人相境界也，其心甚至以爲圓悟涅槃，亦是腦筋思想作用，皆名「人相」。

「善男子！云何衆生相？謂諸衆生心自證悟所不及者。善男子！譬如有人作如是言：『我是衆生。』則知彼人說衆生者，非我非彼。云何非我？我是衆生，則非是我。云何非彼？我是衆生，非彼我故。善男子！但諸衆生了證了悟，皆爲我人。而我人相所不及者，存有所了，名衆生相。」

然則衆生相又何如乎？「衆生相」者，乃衆生修行時，悟我相、人相之非，俱加屏（摒）遣，入於二相所不及之境界也。譬如有人作如是言：「我是衆生。」既云衆生，則非我非彼矣。修行者腦筋所能證悟之境，皆爲我人，而我人所不能及之境，則爲「衆生相」之境界，所謂「前念已滅，後念未起，中間是」是也。

「善男子！云何壽命相？謂諸衆生心照清淨覺所了者，一切業智所不自見，猶如命根。善男子！若心照見一切覺者，皆爲塵垢，覺所覺者，不離塵故，如湯銷冰，無別有冰，知冰銷者，存我覺我，亦復如是。」

然則「壽命相」又如何云？「壽命相」者，謂衆生修行時，屏（摒）棄我相、人相、衆生相，入空無所有清淨境界，此境界乃一切業智所不能見聞，縱爲命根一樣，雖然空寂，縱自存續，故名「壽命相」。蓋因前三相，既自覺其爲塵垢而去之，然此之覺相，亦未離於塵垢也。如湯銷冰，冰已不存，而湯仍存，前三相雖滅，而壽命相仍存。所謂「厭流轉者，妄見涅槃」是也。

「善男子！末世衆生不了四相，雖經多劫勤苦修道，但名有爲，終不能成一切聖果，是故名爲正法末世。何以故？認一切我爲涅槃故，有證有悟，名成就故。譬如有人認賊爲子，其家財寶，終不成就。」

破無始無明法門

破無始無明法門有三種，就是「奢摩他」、「三摩鉢提」、「禪那」。「奢摩他」中國譯作「寂靜」，就是六根齊用破無始無明；「三摩鉢提」中國譯作「攝念」，就是一根統領五根破無始無明；「禪那」中國譯作「靜慮」，就是修大乘的六度第五度靜慮，六根隨便用一根破無始無明。茲先列表如次頁：

觀下表所列，則用三種法門破無始無明，當知其途徑非徒涉空渺。茲再根據《圓覺經》所說，分別詳細解釋於後。

《圓覺經》云：「善男子！若諸衆生修奢摩他，先取至靜，不起思念，靜極便覺，如是初靜，從於一身至一世界，覺亦如是。善男子！若覺徧滿一世界者，一世界中有一衆生起一念者皆悉能知，百千世界亦復如是，非彼所聞一切境界終不可取。」

此示修奢摩他時，不起雜念，單用至靜一念，往下直看，功夫成熟，無明窠臼打破便見佛性，自一身以至一世界無非佛性，佛性徧滿一世界。此世界有一衆生起一念者，皆同於佛性，故曰「皆悉能知」，百千世界莫不皆然。此乃修奢摩他之情

法身

體——大方廣圓覺——即佛性——無始無終

是無生死，無來去，徧滿虛空，充塞宇宙，究竟快樂，無漏的，是不受薰染，人人的是一樣的。

禪那——三摩提——奢摩他——空執是可破——無始幻無明——即無始無明——無始有終

是無善、惡、是、非、煩、惱、愛、欲、思、想、是無知無覺的。

報身

宗——是能起淨緣——見聞覺知——即腦筋靈性——無始無終

是能起染緣，有善、惡、是、非、愛、喜、怒、哀、樂、欲、煩惱、思想，種種俱全，是受薰染、有漏的，是人人的不是一樣。

法執是不可破的——一念無明——即思想一念——無始無終

應身

用——我執——眼耳鼻舌身意——無始無終

悟後佛性能轉萬物——悟後一切種子和盆托出——悟後六根、六塵、六識皆變爲佛性

形也。

經云：「善男子！若諸衆生修三摩鉢提，先當憶想十方如來，十方世界一切菩薩，依種種門漸次修行勤苦三昧，廣發大願，自薰成種，非彼所聞一切境界終不可取。」

修三摩鉢提時，先要明白諸佛、菩薩皆用般若三昧自修自證，用意根統五根，單刀直入向內看，功夫純熟，無明窠臼囫的打破，便可看見佛性。此乃修三摩鉢提明心見性之方法。

經云：「善男子！若諸衆生修於禪那，先取數門，心中了知生住滅念，分齊頭數，如是周徧四威儀中，分別念數無不了知，漸次增進，乃至得知百千世界一滴之雨，猶如目睹所受用物，非彼所聞一切境界終不可取。是名三觀初首方便。若諸衆生徧修三種，勤行精進，即名如來出現於世。」

修禪那時，六根並用往內直看，功夫成熟觸著機緣，無明窠臼打破，便可明心見性。有由耳根音聲而悟道者，有由眼根見色相而道者，一根還源則六根皆解脫矣。如香巖聞擊竹而明心，靈雲見桃花而悟道是也。其他諸根莫不皆然，生住滅念皆知落處，行、住、坐、臥不離真如，一頭了知；則頭頭無不了知；一念了知，則念念無不了知；乃至百千世界一滴之雨，亦皆灼然了知。此修禪那明心見性之法也。參禪用功即是此法，六根還源，佛性現前，便是如來出世。

破無明的用功

用六根的隨便那一根，我們南贍部洲（即是這箇地球）的人以眼、耳、意三根爲敏利。如用眼根，眼睛就不向外看而向內看，其餘五根也不攀緣外境，清清淨淨的向腦根裏面來看，看來看去看到山窮水盡的時候，達到黑黑闇闇一無所有無明境界，這時不可停止再向前看，看得多囥的一聲，無明就會破的，無明一破豁然貫通，柳闇花明又一村，徹天徹地的看見佛性了；或者六根齊用，清清淨淨的，將一切外緣放下，眼根反觀觀自性，耳根反聽聽自性，鼻根反聞聞自性，舌根反嚐嚐自性，身根反覺覺自性，意根反念念自性，這樣的用功得多，機緣成熟囥的一聲，就會破無明見佛性的；又或者隨用一根統攝五根，好比用一主帥統領兵將來進攻敵人一樣。譬如用意根來做主將，領帶其餘五根向無明窠臼來進攻，眼、耳、鼻、舌、身都歸到意根上去，放下萬緣，清清淨淨的起一箇純淨的思想，來向心裏去研究，研來研去研究得多，功夫純熟囥的一聲，無明就會破的；又或者我們没有時間靜坐來用功，就無庸收攝六根，眼由它看，耳由它聽，意由它想，但是於其中要執持一箇念頭來照顧佛性，不論何時何地片刻不忘，好似失去寶珠必定要將它尋獲一樣，如此觀照，機緣一到囫的一聲，也可以見佛性。

經裏邊說：「善男子！此三法門，皆是圓覺親近隨順，十方如來因此成佛，十方菩薩種種方便，一切同異，皆依如是三種事業，若得圓證，即成圓覺。善男子！假使有人修於聖道，教化成就百千萬億阿羅漢、辟支佛果，不如有人聞此圓覺無礙法門，一剎那頃隨順修習。」考查古今禪宗明心見性的人的歷史事迹，統統照此三箇法門修的。《大寶積經》中文殊菩薩說：「佛性從煩惱中求得。」參禪、參話頭、參偈頌、公案，大乘用功名目雖然不同，意思是一樣的。

參話頭最要緊的是下疑情，單刀直入一定會悟。如參「念佛是誰」？就先明白念佛的念是從無始無明起來的，假如不起念，是無始無明，非是佛性。識取本來面目本來不起念，如如不動，念佛與本來佛性不相干，二六時中向身內識取本來佛性，不要向外求，識來識去，因緣時至囫的一聲，無始無明一破，豁然貫通，就可以見本來佛性。無始無明，禪宗謂之「無明窠臼」，又叫「黑漆桶底」。如參「本來面目在那裏」？宜先明白起念是一念無始無明，不起念亦是無始無明，空無所有是無始無明，本來面目如如不動，向無始無明那裏識取，識來識去，因緣時至囫的一聲，無始無明一破，豁然貫通，就會見著本來面目。如參「萬法歸一，一歸何處」？宜先明白所謂萬念從無始無明起，三界唯心，萬法唯識，心指見聞覺知，識指認識，萬法從本來自性生，如如不動，亦不起念，見聞覺知將萬念歸一念，向無始無明識取本來面目，識來識去，時機一到，囫的一聲豁然貫通，就可以看見萬法從自性生。如參「父母未生以前，那一箇是自己本來面目」？宜先明白父母未生以前是中陰身，一念不覺入母胎。父母未生以前非佛性，明白中陰身受生死，因未見佛性故。如何方能見佛性？父母未生以前是中陰身，父母既生以後是見聞覺知的靈性，明白本來面目，識取後永不入輪迴胎胞。衆生因被無始無明窠臼遮障，我們就從無始無明識取，因緣時至囫的一聲，無始無明一破，豁然貫通，本來面目自性即出現，明心見性後話頭就用不著了。

禪宗是頓教，一悟便悟，不分階段漸次。一般人主張參禪要破本參、重關、末後關，名「破三關」，乃是後人僞造。本參、重關、末後關，《傳燈錄》均未有。三關之說分兩種，出在古祖師公案：「黃龍三關」、「高峯三關」。「黃龍三關」：「人人盡有生緣，上座的生緣在何處？」正當交鋒，卻後身手曰：「我手何似佛手？」又問：「諸方參請宗師所得？」卻復垂腳曰：「我腳何以驢腳？」名「黃龍三關」。「高峯三關」語驗學者：「大徹底人本脫生死，因甚命根不斷？」、「佛祖公案祇是一箇道理，因甚有明有不明？」、「大修行人當遵佛行，因甚不守毗尼？」名曰「高峯三關」。三關之語是祖師接引學人用的機鋒轉語。參禪與參話頭等機緣成熟囫的一聲，無明窠臼已破，見佛性明心見性後，有明眼善知識，則尋訪明眼的善知識來印證；如沒有明眼善知識的話，就找《指月錄》、《傳燈錄》、《五燈會元》、《維摩詰經》、《華嚴經》、《楞伽經》等，細看作印證亦可。

古來將佛性認識清楚，將斷妄念不是佛性，且不能見佛性，將以前如神秀根本錯誤之見解推翻，其彰彰可考者有三人焉：一是六祖，觀上文所載與神秀之辯，已闡發無遺。二是神會，〈證道歌〉云：「誰無念，誰無生？若實無生無不生。喚取機關木人問，求佛施功早晚成。」其不主張止滅之功，昭然若揭。三是中峯，其主張正與六祖、神會一貫，歷言斷妄念不是佛性，所著《中峯廣錄》斑斑可考，學者自行查閱，當可瞭然矣。

上述三位祖師，將斷妄念不是佛性說得明明白白，見諸辯論與著作，能將相傳錯誤之觀點揭出，因三位祖師已見佛性，故言之諄諄。惟是相傳因何有此錯誤？六祖是不從文學悟證的，神會與中峯則文學修養極深，亦未將其誤點實從老子《道德經》脫胎而來源流分析。就管見所及，則其從《老》、《莊》、《周易》之道理貫入佛說，似無疑問。以大乘方法論，則《老》、《莊》、《周易》是哲學，與佛法相離頗遠，惟對於中乘、小乘之見解則有貫通之處。學者當自參證，觀此則佛法與哲學不同，可無爭論。修行有淺深之別，三乘祇歸一乘，願一切衆生，勤於精進可也。

古今祖師之明心見性者，尚不止上列三位，其他可查《傳燈錄》、《指月錄》、《五燈會元》，便可了然無遺，非可虛構也。

《圓覺經》云：「永斷無明，方成佛道。」觀此可知欲成佛道須斷無明，毫無疑問。但所言無明，是斷妄念無明？抑爲無始無明？當成問題。無明有二，上文已引窺基法師之說證明。此言無明，是何無明？《圓覺經》詳言：「已成佛道，則六根、六塵、四大、十二處、十八界，乃至八萬四千陀羅尼門，一切清淨。」可知不是斷六根、六塵，不是斷妄念無明，而是斷無始無明；無始無明一破，則六根、六塵，所有一切皆爲佛性，此明心見性所以爲最大成就也。

茲將古人破無始無明，見佛性最簡單最方便之法約略舉之。衆生本具佛性，經已明言，但此性爲無明窠臼遮閉，須利用六根。如何可將無明窠臼打破？可用眼根向無明窠臼直觀，可以用眼根向無明窠臼直想，以破無始無明。如釋迦牟尼佛見明星而見佛性是從眼根；六祖聽《金剛經》而見佛性是從耳根；他如子韻聞月下之蛙、圜悟聽日中之雞、溈山撥火、洞山渡溪、靈虛見桃花而更不疑、香嚴擊竹而忘所知、德山遇紙燭之滅、會通逢布毛一吹，皆是頓觸，一悟而見佛性，足證參禪以破無始無明者也。

假使我們見佛性後，即生法身淨土（亦名常寂光土），徧滿虛空，四維上下，十方世界，法身即淨土，淨土即法身，永久不壞，世界壞法身亦不壞；假如未見佛性，亦可往生西方，西方是報身淨土，到了西方淨土仍須再修，待無明一破，見了佛性，始生法身淨土。《大般涅槃經》弟子問佛：「生於何處？」釋迦牟尼佛答之曰：「我今安住常寂光。」是可證也。

問祖師語錄中見迦葉、阿難、馬鳴、龍樹、達摩、五祖、六祖、百丈、馬祖等千百人皆是證道的人，未曾說過我是某人化身、某人應世種種的神話，或說我死了生於東方、西方。又假如有一人證道後，發願生西方或東方否？自古及今悟道的人，當下見自性，自性徧滿十方淨土，自性徧滿虛空，淨土亦徧滿虛空，東南西北、四維上下、十方世界，都在自性之內，都在淨土之內，這箇淨土是指法身淨土，叫常寂光淨土。我今設一譬喻：喻如中國北平如西方世界淨土，南京如東方世界淨土，西方、東方之淨土叫作報身淨土，報身淨土者是私有的，如同娑婆世界是業報之穢土，痛苦甚多；西方、東方及他方淨報之淨土，無痛苦。淨報之淨土亦非法身真淨土，在淨報之淨土修到見性之後，自性法身始生法身淨土。法身淨土喻如太陽，太陽一照則十方世界皆見，故見性後則生東生西盡成兩頭話兩不相干了。娑婆世界、東方西方、他方世界中有見自性者，其所證的法身淨土，乃是一般無二的。淨土分爲四種：常寂光淨土，如太陽之光徧滿虛空，十方世界皆有，是真淨土，又叫法身淨土；凡聖同居淨土、方便有餘土、實報莊嚴土，這三種淨土是報身淨土，是淨報報身得來，如同我們這箇娑婆世界，是業報得來的穢土一樣。那三箇淨土東方、西方、十方世界皆有，假如見自性後，則不受後有。所言某人化身、某人應世，乃是世俗謬說、神話，一人說假，萬人傳真也。

佛法三乘，祇有一乘，中小乘是方便衆生之說，上文已詳言之。又有最上乘，《金剛經》云：「如來爲發大乘者說，爲發最上乘者說。」最上乘者亦名佛乘。其餘《維摩詰經》、《華嚴經》、《大梵天王問佛決疑經》、《大般若經》、《楞伽經》、《無量義經》等，經中均有最上乘之佛法，乃明心見性之後，直示真如佛性，發揮絕對妙理，就是第六度般若禪。

最上乘者，就是第六度般若禪佛法，在本來自性上本是無言無說，無佛可成，無衆生可度，無生死可了，無涅槃可證，但有言說都無實義，言語道斷，心行處滅。德山和尚云：「窮諸玄辨，若一毫置於太虛；竭世樞機，似一滴投於巨壑。」語言、文字、聰明、智慧，一概都用不著，故釋迦佛說法四十九年，未曾說著一字。最上乘法，是唯證與證乃能知之，是過來人的話。既證到後，宇宙山河、世間萬物，都在佛性光明之下。說一譬喻：未見性前，上明下闇，本來佛性譬如太陽，無始無明譬如烏雲，太陽本有光明不能發現，因被烏雲遮障。我們用功打破無始無明窠臼，譬如大風吹散烏雲，烏雲一散，太陽光明徧滿宇宙，充塞十方。太陽喻如佛性，宇宙萬物在佛性中。故古人云：「甚麼是佛？石頭瓦塊、露柱燈籠、翠竹黃花、青山綠水，無一不是佛性。」故釋迦牟尼佛於靈山會上拈花示衆，迦葉微笑，佛云：「吾有正法眼藏，涅槃妙心，實相無相，微妙法門，不立文字，教外別傳，直指人心，見性成佛。」

最上乘法，如兩箇同鄉人見面時所說鄉土風光，唯他兩人如甜如蜜，旁人聽之如聾如啞；最上乘法，唯過來人與過來人所講乃知，未證悟的人聽見證悟的人東說西說，千萬不可毀謗。古人云：「毀謗般若，罪過無邊。」假如你未悟，怎樣說通不是；假若你悟後，怎樣說都是。證悟後心中七通八達，從自己胸襟中流露出來，說般若禪，教外別傳，直指人心，見性成佛，和盤托出。或瞬目揚眉，問東拉西，瞋喜打罵，說是說非，擎拳舉指；或行棒行喝，豎拂拈槌；或持叉張弓，踢毬舞笏；或拽石搬土，打鼓吹毛；或一默一言，一噓一笑；乃至種種方便，皆是親切爲人，然祇爲太親故，人多罔措。瞥然見者，不隔絲毫；其或沈吟，迢迢萬里。欲明道者，宜無忽焉！祖祖相傳，至今不絕，祇怕不悟，不怕悟後無語。

最上乘之佛法，百丈祖師有「透三句」之方法，分爲初句、中句、後句。例如《金剛經》：「如來說三十二相，即是非相，是名三十二相。」此三句，「如來說三十二相」是初句，「即是非相」是中句，「是名三十二相」是後句。初句是肉身；中句因佛性是如如不動，無言無說，一法不立，佛性未有三十二相，故中句是佛性；由佛性發露出來通是佛性，故後句代表佛性。能將三句透過，便是最上乘法。百丈能發揮此種妙理，於佛乘最爲有功。能瞭解此義，則世尊之拈花，即非拈花，是名拈花。臨濟喝、德山棒、趙州茶、雲門餅均同此理，可資參證者也。

每聽人言：「有很多和尚和在家人，坐著十天八天不喫飯，名爲入定。」我今將智隍禪師故事相告。智隍禪師菴居長坐，玄策禪師造菴問云：「汝在此作甚麼？」隍曰：「入定。」策云：「汝云入定，爲有心入耶？抑爲無心入耶？若無心入者，一切無情草木瓦石，應合得定；若有心入者，一切有情含識之流，亦應得定。」隍曰：「我正入定時，不見有有無之心。」策云：「不見有有無之心，即是常定，何有出入？若有出入，即非大定。」隍無對，良久曰：「師嗣誰耶？」策云：「我師曹溪六祖。」隍云：「六祖以何爲禪定？」策云：「我師所說，妙湛圓寂，體用如如，五陰本空，六塵非有，不出不入，不定不亂。禪性無住，離住禪寂；禪性無生，離生禪想；心如虛空，亦無虛空之量。」（語見《壇經》）。假如見性之後，自性是如如不動的，行住坐臥、穿衣喫飯、一切應酬，都是定中。

佛經有一類不是佛說的，是印度和尚作的。我們中國古今有許多出家人、在家人認爲是佛說的，特將大清重刻《龍藏彙記》內舉列於後。

《西土聖賢撰集出曜經》二十卷，《賢愚因緣經》十三卷，《佛本行經》七卷，《撰集百緣經》十卷，《修行地道經》八卷，《道地經》一卷，《佛說佛醫經》、《惟日雜難經》二經同卷，《雜寶藏》八卷，《迦葉赴佛般涅槃經》、《瑜珈醫伽訖沙囉烏瑟尼沙斫訖囉真言》、《佛入涅槃密迹金剛哀戀經》、《佛使比丘迦旃延說法沒盡偈經》、《佛說佛治身經》、《治意經》六經同卷，《文殊發願經》、《六菩薩名亦當誦持經》、《小道地經》、《阿含口解十二因緣經》四經同卷，《付法藏因緣經》六卷，《達摩多羅禪經》，《禪法要解經》二卷，《阿育王經》六卷，《阿育王譬喻經》、《三慧經》、《阿毗曇正法行經》同卷，《賓頭盧突羅尊者爲優陀說法緣經》、《請賓頭盧經》、《大勇菩薩分別業報略經》三經同卷，《坐禪三味法門經》二卷，《佛所行讚經》五卷，《僧伽羅刹所集佛行經》五卷，《無明羅刹經》，《法句譬喻經》四卷，《菩提行經》二卷，《金剛頂一切如來真實攝大乘現證大教主王經》二卷，《文殊菩薩及諸仙所說吉凶時日經》二卷，《僧伽斯那所撰菩薩本緣經》四卷，《那先比丘經》三卷，《舊雜譬喻經》二卷，《禪要訶欲經》、《內身觀章句經》、《法觀經》、《迦葉結經》四經同卷，《百喻經》二卷，《法句經》二卷，《衆經撰什譬喻經》二卷，《阿育王子法益壞目因緣經》一卷，《雜譬喻經》上下同卷，《無明羅刹經》一卷，《文殊所說最勝名義經》上下同卷，《迦丁比丘說當來變經》、《雜譬喻經》二經同卷，《思惟要略法》、《十二遊經》二般同卷，《賢聖集伽陀一百頌》、《廣大願頌》、《無能勝大明陀羅尼經》、《無能勝大明心陀羅尼經》、《十不善業道經》五般同卷，《四阿含暮抄解》二卷，《五門禪經要用法》一卷，《大乘修行菩薩行門諸經要集》三卷，《金剛頂瑜伽千手千眼修行儀軌》一卷，《密迹力士經偈頌》一卷，《一切祕密最上名義大教王儀軌》上下同卷，《大樂金剛薩埵修行成就儀軌》、《曼殊室利菩薩吉祥伽陀》二般同卷，《成就妙法蓮華經王瑜伽觀智儀軌》一卷，《金剛頂瑜伽降三世成就深密門》、《金剛頂瑜伽他化自在天理趣會念誦儀》二般同卷，《金剛壽命陀羅尼念誦法》、《大樂叉女歡喜母並愛子成就法》、《佛說帝釋巖祕密成就儀軌》、《觀自在菩薩如意輪念誦儀軌》四般同卷，《大毗盧遮那成佛神變加持經隨行法》、《速疾立驗魔醯首羅天說阿尾奢法》、《大聖曼殊室利童子五字瑜伽法》三法同卷，《大威怒烏芻澀麼儀軌》、《大孔雀明王畫像壇場儀軌》、《金剛頂瑜伽金剛薩埵儀軌》三軌同卷，《一字金輪王佛頂要略念誦法》、《觀自在菩薩如意輪瑜伽念誦法》、《大聖大歡喜雙身毗那迦法》、《大日經略攝念誦隨行法》四法同卷，《五字陀羅尼頌》、《仁王般若陀羅尼釋》二般同卷，《大樂金剛理趣釋》一卷，《佛說最勝妙吉祥根本三摩地分》上下同卷，《金剛頂祕密念誦儀軌》、《金剛頂勝初瑜伽念誦法經》二般同卷，《金剛頂瑜伽修行念誦儀軌》、《無量壽如來供養儀軌》二軌同卷，《甘露軍荼利成就儀軌》一卷，《觀自在多羅瑜伽念誦法》，《聖觀自在菩薩心真言觀行儀軌》二般同卷，《菩薩訶色欲法》、《四品學法》、《大虛空藏菩薩念誦法》、《仁王般若念誦法》四法同卷，《阿閦如來念誦供養法》、《佛頂萬勝念誦儀軌》二般同卷，《聖閻曼德迦威怒王立成念誦法》、《大乘方廣曼殊室利華嚴本教儀軌品》、《大方廣曼殊室利童真菩薩儀軌品》三般同卷，《蘇悉地羯羅供養法》二卷，《不動使者陀羅尼祕密法》、《金剛頂瑜伽修習三摩地法》二法同卷，《金剛頂瑜伽經文殊供食法》、《瑜伽蓮華部念誦法》二法同卷，《金剛頂經瑜伽觀自在王如來修行法》一卷，《金剛頂經觀自在王如來修行法》、《金剛手光明灌頂經儀軌》二般同卷，《略述金剛頂瑜伽分別聖位修證法門》、《一字佛頂輪王念誦儀軌》二般同卷，《仁王護國般若道場念誦儀軌》一卷，《金剛頂蓮華部心念誦儀軌》一卷，《佛說如意輪蓮華心如來修行觀門儀》、《妙吉祥平等瑜伽祕密觀身成佛儀軌》二儀同卷，《法集要頌經》四卷，《勸發諸王要偈》、《龍樹菩薩勸誡王頌》二般同卷，《普賢金剛薩埵瑜伽念誦儀》、《金剛頂瑜伽護摩儀軌》二軌同卷，《大悲心陀羅尼修行念誦略儀》、《妙吉祥平等觀門略出護摩儀》、《金剛頂超勝三界經說文殊五字真言》三般同卷，《金剛頂經瑜伽文殊菩薩法一品》、《金剛頂瑜伽經十八會指歸》、《訶利帝母真言法》三般同卷，《大方廣佛華嚴經入法界品四十二字觀》、《般若波羅密多理趣一十七聖義述》、《陀羅尼門諸部要目》、《金剛頂瑜伽三十七尊禮受菩薩心戒儀》、《大聖文殊師利讚佛法身體》六般同卷，《一百五十讚佛頌》、《百千頌大集經地藏菩薩請問法身讚》二般同卷，《阿育王傳》五卷，《佛吉祥德讚》上中下同卷，《馬鳴菩薩傳》、《龍樹菩薩傳》、《提婆菩薩傳》三傳同卷，《婆藪槃豆傳》、《龍樹菩薩爲禪陀迦王說法要偈》二般同卷，《撰集三藏及雜藏傳》、《大阿羅漢難提所說法住記》二般同卷，《瑜伽集要燄口施食儀》一卷。

佛法本甚深妙難以言詮，佛經中每有以譬喻啓示者。《楞嚴經》云：「佛告阿難：『如來今日實言告汝，諸有智者，而以譬喻而開悟。』」譬喻之起源甚古，在大義園當中已保存有最古之譬喻。佛教在很早之時期，便利用此種形式來宣教，藉以啓發智慧揭出真理。又有哲人專集各種譬喻成爲專書，在中國三藏中所藏爲多。屬於本生經者，《六度集經》、《生經》、《菩薩本生經》等皆是；屬於譬喻經者，有《百喻經》、《雜譬喻經》、《大莊嚴經》、《撰集百緣經》、《賢愚因緣經》、《雜寶藏經》等。都是印度哲人所作，每多寓言。其他大小乘經典，亦有寓言故事摻入。一般讀經者每誤認寓言故事爲真實，因而發生迷信之見解，對於正確修持當無大成就者也。

大乘八宗修法

本來無佛無衆生
世界未曾見一人
究竟瞭解是這箇
自性還是自己生

釋迦牟尼佛說《梵網經》的時候，說：「一切衆生皆有佛性，我是已成之佛，汝是未成之佛。我本元自性清淨，若識自心見性皆成佛道。」《華嚴經》中說：「一切衆生俱有如來智慧德相，但以種種執著迷昧不能證得。」世間法即佛法，佛法即世間法，經云：「諸佛世尊，唯以一大事因緣出現於世，開示衆生悟入佛之知見。」但因衆生根基有千差，故如來說法有萬別。自從釋迦佛住世到我國的唐朝，釋迦牟尼佛的佛法經歷過古來的祖師下一番苦心研究過，足踏實地的用功修行證道，所證得的佛性從自性發露出來，發大慈悲心普度我們，隨順我們衆生的根基說法，分爲大乘八宗，曰：律宗、淨土宗、唯識宗、天台宗、華嚴宗、真言宗、禪宗、三論宗。隨我們衆生的根基，隨與那一宗有因緣，照著古人傳下來的方法去修，箇箇都可以明心見性。

因爲到了現在佛法太衰敗，善知識又很少，要想真正的修行實在不容易，所困難者，因修行的方法不容易明白，要親近明眼的善知識更難。我將我從前看《藏經》所研究的佛法、隨法師所研究的佛法、親近善知識所研究的佛法、自己足踏實地用功證得的佛法，與班禪喇嘛、諾那喇嘛研究的佛法，統統的貢獻出來講與大衆聽。將釋迦佛經典裏面的、悟道的祖師語錄中的、現在善知識的及在家居士的綜合起來，不是我創造出來的，將大乘八宗用功的法門統統講出來，隨你們歡喜修那一宗都可以了生脫死、超脫輪迴。

一、律宗

本是著佛的戒律所成的一宗派。戒律是佛法的大地、修道的根基，衆惡由之消滅，萬善由之生起，以故佛以爲佛法的壽命。然而經、律、論之三藏本由一具之法，以成戒、定、慧之三學，期轉迷開悟之證果。戒律如捉賊，禪定如縛賊，慧學如殺賊，以故在印度並不另以戒律組織一宗。但中國當隋唐之初，有智首、道宣二大律師，從「曇無德部」的《四分律》刊定諸部，興所謂「四分律宗」，以生起這戒律宗的一宗。在三聚淨戒之中網羅三藏，以爲可成三佛菩提之因。當時又有相部之法礪律師、東塔之懷素律師，雖然同依《四分律》，但其見解各不相同而分爲三部，這稱爲律之三宗，但是到後代保其命脈的，祇是道宣之南山律宗。

本宗立化、制二教，以判佛一代教，其化教是經論所詮之法門，是化人使開慧解之教；制教是律藏所詮之法門，是制過、止惡之教。這宗屬律藏教，故以戒爲宗，以爲戒行清淨則定、慧自立，制禁非業則破見慧惑。《四分律》雖然原是小乘之戒律，但依道宣的意思，其義是通於大乘的，藉唯識圓妙之教旨，唱圓融三學之行儀，三聚淨戒互攝通融，一戒具萬行，一行攝諸戒，一念頓超三祇，而期大覺之妙果。這三聚淨戒：一是攝律儀戒，乃捨斷一切諸惡，含攝諸律儀之止惡門。二是攝善法戒，修一切之諸善。三是攝衆生戒，荷負羣生徧施利益，衆生圓湛之心，是心即是金剛光明寶戒之體，是體則具一切稱性功能，故經云：「金剛光明寶戒，是一切佛本源、一切菩薩本源佛性種子，一切衆生皆有佛性。」律宗修法，從早至夜、一舉一動，誦偈咒及修戒觀，要過午不喫飯，午後不食得五種利益：一、少淫。二、少睡。三、得一心。四、無下風。五、身安無病。

早覺

睡眼始寤，當願衆生，一切智覺，周顧十方。

鳴鐘

願此鐘聲超法界，鐵圍幽闇悉皆聞，聞塵清淨證圓通，一切衆生成正覺。

聞鐘

聞鐘聲煩惱輕，智慧長菩提生，離地獄出火坑，願成佛度眾生。

唵伽囉帝耶莎訶。三徧

著衣

若著上衣，當願眾生，獲勝善根，至法彼岸。

著下裙時，當願眾生，服諸善根，具足慚愧。

整衣束帶，當願眾生，檢束善根，不令散失。

下單

從朝寅旦直至暮，一切眾生自迴護，若於足下喪其形，願汝即時生淨土。

唵逸帝律尼莎訶。三徧

行步不傷蟲蟻

若舉於足，當願衆生，出生死海，具衆善法。

唵地利日利莎訶。三徧

出堂

從舍出時，當願衆生，深入佛智，永出三界。

登廁

大小便時，當願衆生，棄貪瞋癡，蠲除罪法。

唵狠魯陀耶莎訶。三徧

去穢

事訖就水，當願衆生，出世法中，速疾而往。

唵室利婆醯莎訶。三徧

洗淨

洗滌形穢，當願衆生，清淨調柔，畢竟無垢。

唵賀曩密栗帝莎訶。三徧

洗手

以水盥掌，當願衆生，得清淨土，受持佛法。

唵主迦囉耶莎訶。三徧

淨面

以水洗面，當願衆生，得淨法門，永無垢染。

唵藍莎訶。默持二十一徧

飲水

佛觀一鉢水，八萬四千蟲，若不持此咒，如食衆生肉。

唵縛悉波囉，摩尼莎訶。三徧

五衣

善哉解脫服，無上福田衣，我今頂帶受，世世不捨離。

唵悉陀耶莎訶。三徧

七衣

善哉解脫服，無上福田衣，我今頂帶受，世世常得披。

唵度波度波莎訶。三徧

大衣

善哉解脫服，無上福田衣，我今頂帶受，廣度諸衆生。

唵摩訶迦婆波吒，悉帝莎訶。三徧

臥具

臥具尼師壇，長養心苗性，展開登聖地，奉持如來命。

唵檀波檀波莎訶。三徧

登道場

若得見佛，當願衆生，得無礙眼，見一切佛。

唵阿密栗帝吽發吒。三徧

讚佛

法王無上尊，三界無論匹，天人之導師，四生之慈父。

我今暫皈依，能滅三祇業，稱揚若讚歎，億劫莫能盡。

禮佛

天上天下無如佛，十方世界亦無比，世間所有我盡見，一切無有如佛者。

普禮真言：唵縛曰囉斛。

供淨瓶

手執淨瓶，當願衆生，內外無垢，悉令光潔。

唵勢伽嚕，迦叱羚叱莎訶。三徧

蕩淨瓶真言

唵藍莎訶。二十一徧

灌水真言

唵縛悉鉢囉摩尼莎訶。三徧

曩謨蘇嚕婆耶，怛他耶多誐，怛姪他，唵蘇嚕蘇嚕鉢囉蘇嚕，娑婆訶。三徧

受食

若見空鉢，當願衆生，究竟清淨，空無煩惱。

若見滿鉢，當願衆生，具足盛滿，一切善法。
法力不思議，慈悲無障礙，七粒徧十方，普施周沙界。
唵度利益莎訶。三徧

侍者送食

汝等鬼神衆，我今施汝供，此食徧十方，一切鬼神共。
唵穆力陵莎訶。三徧
佛制比丘，食存五觀，散心雜話，信施難消，大家聞磬聲各正念。
執持應器，當願衆生，成就法器，受天人供。
唵枳哩枳哩，縛日囉發吽吒。三徧
願斷一切惡，願修一切善，誓度一切衆生。

一、計功多小，量彼來處。二、忖己德行，全缺應供。三、防心離過，貪等爲宗。四、正事良藥，爲療形枯。五、爲成道業，應受此食。

結齋先念〈準提咒〉，次念此偈云：

「所謂布施者，必獲其利益，若爲樂故施，後必得安樂。

飯食已訖，當願衆生，所作皆辦，具諸佛法。」

洗鉢

以此洗鉢水，如天甘露味，施與諸鬼神，悉皆獲飽滿。

唵摩休囉悉莎訶。三徧

展鉢

如來應量器，我今得敷展，願共一切衆，等三輪空寂。

唵斯麻摩尼莎訶。三徧

取楊枝

手執楊枝，當願衆生，皆得妙法，究竟清淨。

唵薩吧縛迷答，薩哩吧答哩嘛，薩吧縛迷怛唠。

唵藍莎訶。〈從淨法界咒〉二十一徧

嚼楊枝

嚼楊枝時，當願衆生，其心調淨，噬諸煩惱。

唵阿暮伽彌摩隸，爾縛迦囉，僧輸馱你，鉢頭摩俱摩囉，爾縛僧輸馱耶，陀囉陀囉素，彌麼梨莎縛訶。三徧

嗽口

嗽口連心淨，吻水百花香，三業恒清淨，同佛往西方。

唵憨唵罕莎訶。三徧

出錫杖

執持錫杖，當願衆生，設大施會，示如實道。

唵那㗚嚕，那㗚嚕那栗吒鉢底，那栗帝，娜夜鉢儜吽登吒。三徧

午齋出生

大鵬金翅鳴，曠野鬼神來，羅剎鬼子母，甘露悉充滿。

唵穆帝莎訶。三徧

受騯

財法二施，等無差別，檀波羅蜜，具足圓滿。

敷單坐禪

若敷牀座，當願衆生，開敷善法，見真實相。

正身端坐，當願衆生，坐菩提座，心無所著。

唵縛則囉，阿尼鉢囉尼，邑多耶莎訶。三徧

睡眠

以時寐息，當願衆生，身得安隱，心無動亂。

取水

若見流水，當願衆生，得善意欲，洗除惑垢。

南無歡喜莊嚴王佛，南無寶髻如來，南無無量勝王佛。

唵縛悉波囉摩尼莎婆訶。三徧

若見大河，當願衆生，得預法流，入佛智海。

若見橋道，當願衆生，廣度一切，猶如橋樑。

浴佛

我今灌浴諸如來，淨智莊嚴功德聚，五濁衆生今離垢，同登如來淨法身。

讚佛

讚佛相好，當願衆生，成就佛身，證無相法。

唵牟尼牟尼，三牟尼薩縛賀。三徧

繞塔

右繞於塔，當願衆生，所行無逆，成一切智。

南無三滿多沒馱喃，唵杜波杜波娑婆訶。三徧

著病

見疾病人，當願衆生，知身空寂，離乖諍法。

唵室哩多，室哩多，軍吒利莎縛賀。三徧

剃髮

剃除鬚髮，當願衆生，遠離煩惱，究竟寂滅。

唵悉殿都漫多囉，跋陀耶娑婆訶。三徧

沐浴

洗浴身體，當願衆生，身心無垢，內外光潔。

唵跋折囉惱，迦吒莎訶。三徧

洗足

若洗足時，當願衆生，具足神力，所行無礙。

唵藍莎訶。三徧

每日早、午、晚三時修戒觀，端身正坐，跏趺坐亦可，不跏趺坐亦可，兩眼半闔，提起正念，心中就思想《菩薩戒經》云：「我本元自性清淨，若識自心見性，皆成佛道。」我們因爲有生死，就不能見我們的「本元自性」，因爲我們的「本元自性」被無始無明遮障，無始無明一破就可以見「本元自性」，到此時就超脫輪迴。將提起的正念，不向外面看，向心裏面看，看到一無所有、空洞黑闇，此時思想不要停止，再上前看，看得多無明一破，就可以見「本元自性」。

金剛寶戒　無始無明——可以打破
見聞知覺　一念無明——不可破
眼、耳、鼻、舌、身、意——可以打破

金剛寶戒就是佛性，因名詞不同，體是一樣的。

明末清初，慧雲古馨律師、三昧寂光律師、見月讀體律師中興此宗。

二、淨土宗

也叫做蓮宗，是以《阿彌陀經》、《無量壽經》、《觀無量壽經》和《往生淨土論》三經一論爲所依本典。主張心專念「彌陀」名號，托著阿彌陀佛底弘願，離掉現世界穢土，往生西方極樂世界淨土的。釋迦牟尼佛始說《無量壽經》以下的淨土三部經，開示他力本願的法門，是本宗底起源。佛入滅後九百年，天親菩薩造《往生淨土論》，贊述三經要義以弘通這宗。晉朝的慧遠在廬山建東林寺專弘淨土法門，道俗皈依的極衆，共組織一箇「蓮社」，是在我國開宗之始。魏朝的曇鸞從菩提留支那裏受《觀無量壽經》，因就專修淨業。著《往生論註》兩卷，被推爲中國本宗著述底巨擘。隋唐間有道綽禪師，在石壁玄中寺讀曇鸞底碑文，大有所感，拋棄素所從事的《涅槃經》之講說，專修淨業，著《安樂集》兩卷。唐貞觀時，善導和尚親遇道綽傳受宗義，著《觀經疏》闡明他力信心底要旨，又做《法事讚》等諸書，定一宗所用底行儀，熱心化導道俗。他底門下有善感禪師，也得念佛三昧，著《釋淨土羣疑論》開導有緣。此後有少康禪師出來，也能弘通這宗。

本宗以爲一切衆生所有的本元性地和十方諸佛毫無兩樣，雖然造了極重的惡業，受了無量的苦報，但是他的本性依舊毫無沾染的，衹消有一念迴光，如來便都能知見，用「同體大悲」來把他攝歸淨域。彌陀底光明，是徧照十方念佛衆生的，但因爲衆生底淨眼還沒有開，所以不能知見。若是平素念佛的人，到了臨終時候，意根、命根都已斷絕，後念還沒有起來，在這一刹那間佛便現在前面，便就超脫三界火宅了。衆生底品類雖然千差萬別，但是彌陀底願力是平等無二的，無論甚麼人，虔心稱念「彌陀」名號，一聲便能消滅八十億劫生死重罪，如果能夠淨念久久相繼，那其效益更不消說了。至於念佛，無論千句萬句，其實就是一句，佛念底心並不緣著過去，也並不是緣著未來，衹是緣著現前的一句，爲往生的正因，這就叫做「萬人修萬人去」底方法。能夠積久純熟，能緣之心忽然脫去，做到了無念而念，念即無念，名理一心，那生品更高了。

教判

本宗判釋尊一代的教爲聖道、淨土兩門。淨土是仰仗他力，以得往生淨土，在那裏證佛果的教，就是淨土三經《無量壽經》、《觀無量壽經》、《阿彌陀經》所說示的法義；聖道是依著自力修策之功，在此證悟佛果聖道之教，就是在淨土三經以外所說示的八萬四千的教法，爲大小、頓漸、半滿之法。聖道之法是在此土起願修行，以期待證果的，雖然不能說一點沒有佛力加被，但大概是靠著自力的；淨土之法是要依托著此土的願行和佛的願力往生彼土，在淨妙之土行業圓滿，纔能到達於佛果的，雖然有一些兒自力心行，但大概是靠著佛願他力的。聖道之法因爲多須自力，所以難行，彷佛是陸路上的步行；淨土之法因爲多仰仗著他力，所以易行，彷佛是水路上的乘船。因此聖道可叫做「難行道」，淨土法可叫做「易行道」。

內因

本宗是託著《無量壽經》所說的彌陀本願，尤其是第十八願「設我得佛，十方衆生，至心信樂，欲生我國，乃至十念，若不生者，不取正覺」的誓約的願力。又《觀經》說的：「令聲不絕，具足十念，稱南無阿彌陀佛，汝好持是語。」持是語者，即是持「無量壽佛」名和《阿彌陀經》說的「一日七日，一心不亂，執持名號」的正說，以三心之安心、稱名之起行、四修之作業，成就往生底內因，由本願光明底外緣除滅業障，而感來迎之聖應，以期待報土往生之妙果，這樣是欲在於不退的國土，修悠悠的妙行，進趣於阿耨菩提之究竟位的。

安心

有總和別的兩種，總安心又分爲兩種：厭離穢土欣求淨土之心，和大菩提心即是。三界、六道、二十五有底境界雖然苦樂萬般，但那爲有漏業感所成的，畢竟不能免於苦惡之穢土；至於西方淨土，是彌陀清淨業之所感，但受諸樂的妙土，所以不能不厭穢欣淨。又大菩提心是在往生淨土，以求佛果菩提，求佛果的人須發大菩提心，是佛門底通規，本宗自然亦應該這樣。善導在《觀經・玄義分》說：「各發無上的心。」就是爲此。在這經，散善義，舉往相、還相底迴向心，也大概和一分菩提心相同。這菩提心不必定和能不能往生相關聯，如《觀經・上下品》言，沒有這菩提心也得往生，但卻不能據此便說菩提心可以不發的。

其次，別安心有三心，這是本宗底要點。於《無量壽經》第十八願說：「至心信樂，欲生我國。」於《觀經》說：「發三種心，即便往生。何等爲三？一者至誠心、二者深心、三者迴向發願心。其發三心者，必生彼國。」至誠心是真實心，是身、口、意三業皆離卻名利虛假之心；深心是相信阿彌陀佛，常以四十八大願業力攝取衆生，若無疑無慮，乘彼願力定得往生的；迴向發願心是把過去到今生，自己所作身、口、意三業之善根，和爲著他人所作善根而隨喜的，完全迴向於淨土，而願欲往生的心。具有這三心的人，其行必成，所以必定往生，但是其中如果缺掉一心，就不能得往生。

這三心的意義雖然是這樣的深廣，但在事實上，如果有真實無疑的念佛而欲往生的一心，三心自能具有的，具這一心的，叫做「橫具的三心」。但是人性是不一樣的，像有名利虛假底不至心的人、有狐疑不決底不深心的人、有愚癡多情底不迴向心的心，就不能不用這三心來逐漸加以對治，經這樣對治而成的，叫做「豎具底三心」。雖然有橫豎底分別，但是已經具了就衹是一箇，雖然衹是一箇，卻並非沒有深淺，所以往生起來就生出三品九生底分別。往生那件事是沒有兩樣的，但是凡夫有名利虛假之心，難於如實。又雖然一度發起三心，他底心還是不住地退轉無常，所以真有至於出離生死的行者，不能不爲精細的注意。

起行

如三箇安心已經具有了，那所修的一切善根，即完全是這往生淨土底善根。在《無量壽經》說：「乃至十念。」又說：「修諸功德，植諸德本。」在《觀經》說「定善十三觀和散善三福」，在《彌陀經》示「一日七日之一心不亂」的稱名，在天親底《淨土論》說「五念門」，善導示「正雜二行，助正二業，專雜二修」，在《文殊般若經》明「一行三昧」。這裏面，善導底「正雜」和「助正」之判，綱羅最爲精審。正行，是願生西方淨土，皈依彌陀一佛，專行淨土正依的三經所說的行，就是本來爲淨土往生之行的；雜行，與此不同，乃是人、天、菩薩十方淨土之行，雖然並非正行，卻是欲把他來迴向於西方淨土而求往生的，就是正行以外的一切善根。

正行有讀誦、觀察、禮拜、稱名、讚歎供養五種。讀誦是專心念誦淨土所正依的三經；觀察是專觀西方淨土底依正二報，如《觀經》定善十三觀就是；禮拜是一心禮拜彌陀如來；稱名是一心稱念彌陀名號；讚歎供養是一心讚歎彌陀底功德，並用香花供養。除了這五種正行之外，其餘一切善根都叫做雜行。又五種正行如果區別起來，就有助、正二業，前三後一是助業；第四的稱名實是正定之業，因爲稱名是正對彌陀第十八願的，願中有「乃至十念」之語，即無論一念、十念都可往生的，所以是正定之業。前三後一因爲是勸勵策進這稱名方便，所以叫做「助業」，這就是「同類底助業」；如果修雜行能爲稱名底方便，也得稱爲助業，這叫做「異類底助業」。

以上正、雜二行雖然皆得往生，但其間卻大有得失，修這正行的叫做「專修」，修雜行的叫做「雜修」。從事於專修的，至心易成，百即百生；從事於雜修的，至心雜成，僅僅得百中一、二，千中三、五的往生。就是無論修怎樣的行業，不至心的是一千之中沒有一箇能成功的。又五念是禮拜、讚歎、作願、觀察、迴向，和五正行僅有開閤之別罷了。一行三昧是以定心爲主的，稱名專修之一法。以上所說，正行便是稱名，因爲一切行業雖然都能迴向而得往生，但大有難易之別，所以當專修易行的稱名。

作業

三心底安心雖已起了，十念底起行雖已定了，但因凡夫底意志怯弱容易退失，還須有策進的方法。這策進的方法是有四修的作業：一、恭敬修。是對於彌陀如來及淨土底依正二報尊重恭敬，行、住、坐、臥不背著西方，涕、唾、便、利不向著西方，這或叫做慇重修。二、無餘修。是一心全然向著西方，不雜修他。三、無間修。是一心常繫念西方，不以餘行間斷，不以貪、瞋等的煩惱間雜行業。四、長時修。是以畢命爲期待，立誓不中止所修底行業。

行儀

要使起行、作業能完全的緣故，有應該守的三種行儀，這三種行儀就是尋常、別時、臨終。尋常行儀，無論在何時何處，常繫心於西方，勵行稱名的一行，這是遵奉善導所說：「一心專念彌陀名號，行、住、坐、臥，不問時節久近，念念不捨。」別時行儀，是定一日、七日、十日、九十日等的時日，莊嚴了道場，清淨了衣服、飲食、潔齋三業，嚴肅威儀，修正助之業。這是依著《彌陀經》一日七日之說、《鼓音聲經》之十日之說、《般舟三昧經》之九十日之說，以鞭韃（撻、打）凡夫懈怠之妄情的。臨終行儀，是在命終的時候，莊嚴了別室，安置了來迎的佛像，沐浴、淨衣、散華（花）、燒香，目不注在佛像以外，耳不傾於法音以外，手執從佛像垂下的五色的絲，正念以求往生。因爲臨終的時候，爲病苦所煎逼，每易失掉正念，而臨終的一念又勝於平生百年的緣故，看護的人應該切心注意助成正念。

以上三種行儀雖然不是往生底必須條件，但如果能夠辦到總是需要的。如在平時勤修至誠，於臨終的時候靠著佛力底加護，必定能夠住於正念的，所以平時底勤行精進是不可懈怠的。

日課

欲使正定業的稱名相續不已，有定日課的必要。一念、十念雖然都能成業，但是凡夫每有因懈怠之故而造罪退失的，所以不得不規定日課來防護。日課在於預定稱名底徧數，誓必踐行，與其少不如多。凡夫的心，歷緣對境，必定要起妄情的，所以必須愈多愈妙，使得沒有暇空。念佛的聲音以能自己聽見爲度，至於記數底方法，雖然不必一定，不過普通都以數著念珠來記數的。

外緣

佛教底通規，以因緣和合而感勝果。安心起行底內因果然有了，但若沒有外緣，用甚麼來證往生底大果呢？所以必定有俟於外緣，就是彌陀願力。願力有兩種：總願和別願。總願有四宏誓願和三念願力，即大誓願力、三昧定力、本願功德力；別願即四十八願，就是善導所謂：「如大經說：『一切善惡，凡夫得生者，莫不皆乘阿彌陀佛大願業力爲增上緣。』」凡夫往生底增上緣，實全在於這別願。尤其第十八願爲念佛生因，而以「若不生者不取正覺」爲誓，行者如果安心起行，定可加以佛力而得往生；於十九願，不僅來迎念佛行者，凡發菩提心、修諸功德、至心發願、欲生淨土的，臨終無不來迎。尤（其）是念佛行者，能使諸邪業繫，無能礙者。二十願，凡聞彌陀名號，繫念淨土，植衆德本，至心迴向，欲生極樂者必定成遂的。這樣，以願力爲增上緣，使行者必定往生。

此外又有親、近、增上三緣。這在第十二願「願光明體」，在第十八願「願名號」，而名體不二不離，所以稱其名號而願往生的行者，必定在名體不二之上，有光明而有攝取不捨之益。善導分這益為三緣：親緣、近緣、增上緣。親緣是念佛之行者和佛陀彼此間三業親昵而不捨離，如親子之間一般的；近緣是彌陀常接近護念念佛行者，如形影之不能相離；增上緣是佛之威神功德力，能加念於行者，使消滅多劫的罪愆，除掉臨終的難障，使住於正念。這三緣就是彌陀本願之增上緣的相狀，是念佛行者特別的利益。

果報

本宗究竟的目的，在於期望往生淨土，但是凡夫從無始以來，至於今日今時，念念起惡做罪，很有礙於往生的，便是一罪一惡之微，尚且要障礙往生，何況是多劫的罪愆呢？但是本宗底意思，以為念佛諸行底功德，很能夠消滅罪惡，得到佛底迎接以往生淨土。念佛是本宗底本意，乘著這佛之本願的念佛，其得滅罪而成就淨業，雖然看當機如何而有遲速，但卻沒有一念不滅一分的罪的。就是下下品的惡機，尚且能以十念滅罪成就淨業，如在利根，一念就可以成就的；至於鈍根，那或者要經多念了。

下下品的惡機，由十念得以成就淨業，是有三箇緣故，就是：在心、在緣、在決定。在心，是就能修之心而論的。造罪的人依止於虛妄顚倒之心而造作的，念佛是聞佛之真實功德發起淨信而造作的，前者是背馳於法性的虛妄心，後者是隨順於實相的真實心，虛實底力那箇强呢？譬如是千歲的闇室，一點燈來闇忽地破去；在緣，是就造作底對境而論的。造罪底對境，在於虛妄之衆生；念佛底對境，在於佛底真實功德，真妄亦非可同日而論的；在決定，爲十念念佛是在臨終而住於決定猛利之心，而造罪是在平生猶豫不定之時，定和不定底力是那箇强呢？這樣，因爲有上面三種的理由，臨終底十念尚能滅八十億劫之重罪，何況平生之念佛！念念滅罪，那淨業必能成就的。

念佛分爲四種：持名念佛、觀相念佛、觀想念佛、實相念佛。

淨土分爲四種：凡聖同居土、方便有餘土、實報莊嚴土、常寂光淨土。

淨土分爲兩種：報身淨土，即唯物淨土；法身淨土，即唯心淨土。

阿彌陀佛分爲兩種：極樂世界的報身阿彌陀佛、法身自性彌陀佛。

自性法身淨土是徧滿十方，東、西、南、北無所不在，即常寂光淨土。西方淨土是報身淨土，是指定西方，是阿彌陀佛四十八願淨報所感；又如東方滿月世界淨土，是藥師佛十二大願淨報所感；如我們這箇娑婆世界穢土，是我們共業所感。不論在那箇世界見自性法身淨土，乃是一樣的，而報身淨土不是一樣的。

持名念佛

往生西方分爲九品。如左：

上品上生　發三種心：至誠心、深心、迴向發願心。三種衆生，慈心不殺，具諸戒行，讀誦大乘經典，修行六念（念佛、法、僧、戒、天、施），迴向發願，一日至七日，即得往生。

上品中生　方等經典，善解義趣，於第一義，心不驚動，深信因果，不謗大乘。

上品下生　亦信因果，不謗大乘，但發無上道心，迴向往生，七日見佛。

中品上生　受持五戒，持八戒齋，修行諸戒，不造五逆，無衆過患，迴向往生。

中品中生　一日一夜持八戒齋，一日一夜持沙彌戒，一日一夜持具足戒，威儀無缺，迴向往生。

中品下生　孝養父母，行世仁慈，命欲終時，遇善知識說極樂，發願迴向往生。

下品上生　作衆惡業，不謗方等經典，命欲終時，遇善知識為說大乘經典名字，迴向往生，七七日乃見觀音菩薩。

下品中生　毀犯五戒、八戒及具足戒、盜戒，不淨說法，應墮地獄；命欲終時，遇善知識讚說淨土，迴向往生，六劫乃見觀音菩薩。

下品下生　作不善業、五逆十惡，應墮惡道；臨命終時，遇善知識說法安慰，教令念佛，具足十念，迴向往生，滿十二大劫乃見觀音菩薩。

人間一百年為西方一晝夜，一千六百八十萬年為一小劫，持名念佛最要緊要記著，有行無願決不往生，有願無行則願是虛設；生不生西方就在你的願力，生在西方品位的高下，就在你的行力。每天念佛，不論念多念少一定要發願，念佛念完後即行發願。發願時，即照我所編的白話，口中說一徧，不可默說須出聲，就同與人說話一樣，發願時並要至誠懇切：

「弟子某某，現在發願求生淨土，持念我佛的聖號，將來臨終的時候，無論甚麼地方全不願意去，但求我佛、菩薩接引弟子往生西方極樂世界的淨土，並且願意這箇念佛的功德，普度衆生同生淨土。」

觀相念佛

身對佛相，口念佛名，意觀想著阿彌陀佛的法相，不論紙畫、木雕、泥塑、銅鑄，供著那樣相就觀那樣相，身、口、意三業相應，阿彌陀佛身、口、意三密加持。

觀想念佛

就是修十六妙觀：初日觀、二水觀、三地觀、四樹觀、五池觀、六總觀、七華座、八像觀、九佛身、十觀音、十一勢至、十二普觀、十三雜觀、十四上品三、十五中品三、十六下品三。

實相念佛

念南無阿彌陀佛，心中散亂，證凡聖同居土；念到一心不亂，證方便有餘土；念到身心兩忘，佛念皆空，一無所有，證實報莊嚴土；是爲分證。到此境界是無記憶空，不是自性彌陀，再提起一句阿彌陀佛名號，向無記憶空那裏，將第二句彌陀佛名號追第一句，將第三句追第二句，將第四句追第三句，如是次第二十、三十、四十、一百、兩百句追下去念，無記憶空的無明一破，便見自性法身阿彌陀佛，證常寂光淨土，是爲滿證，即經中所說：「淨念相繼，得三摩地，證無生忍。」

可以打破　染　不可破

淨

自性彌陀　無記憶空　見聞覺知　一念無明　眼、耳、鼻、舌、身、意

自性彌陀即佛性，無記憶空即無始無明。

此宗自永嘉四年，佛圖澄傳道安法師，由師之弟子廬山慧遠法師弘揚淨土，續光明善導和尚、般舟承遠大師、雲封法照國師、烏龍少康大師、照慶省常法師、雲棲蓮池大師、梵天省庵法師弘揚，至今尤盛。

三、唯識宗

起於印度的大乘佛教一派，後來流行於中國、日本，在印度叫做「瑜伽宗」，

由無著興起，其弟世親樹立基礎，傳到中國益加發達。中國在北魏時，已由菩提留支傳入無著、世親的佛教（所謂「地論宗」就是），經梁陳的真諦更加一層光彩（所謂「攝論宗」就是）。

唐初，玄奘三藏東歸，對於中國佛教的影響極大，於傳入瑜伽宗尤爲有功。玄奘把解釋世親《唯識三十頌》的護法等十大論師諸釋合糅爲一部，漢譯爲《成唯識論》十卷，其後我國學瑜伽宗的，都以這《成唯識論》爲中心，所以有「唯識宗」的一箇名稱。玄奘的高足慈恩大師窺基，爲這論著《述記》二十卷，又別著《樞要》四卷，其他有《大乘義林章》七卷、《瑜伽論略纂》十六卷等多數著述，以光闡這宗。其弟子淄州大師慧沼著《唯識論了義燈》七卷，以斥圓測底異說。慧沼弟子撲揚大師智周，著《唯識論演祕》七卷。所謂慈恩、淄州、撲揚三師，稱爲中國唯識宗三祖。《樞要》、《了義燈》、《演祕》稱爲唯識論三疏，學者仰爲指南。其正依的聖典有六經十一論：《華嚴》、《深密》、《楞伽》、《莊嚴》、《阿毗達摩》、《厚嚴》叫做六經，《瑜伽》、《顯揚》、《莊嚴》、《集量》、《攝大乘》、《十地》、《分別瑜伽辨中邊》、《二十唯識》、《觀所緣》、《雜集》叫做十一論。

這學派底教判論，即佛教的分類爲「三時教」，三時教又分爲關於時間形色和關於教義內容的兩類，前者叫做年月次第的三時教，後者叫做義類的三時教。前者把一代之所說分爲初、昔、今，後者分爲有、空、中的三教。但唯識宗的特色，在其「性相別觀論」，以爲所謂本體論和現象論須區別而論的。如宗名之所示，明是一箇唯心論哲學，但和《起信論》等所示的唯心論大有不同。蓋這宗固然說「真如」爲萬有本體，且說「真如」徧在於萬有，但是「真如」是無爲、無作用、沒有生滅變化，就是有不變之性而無隨緣之義的。

這宗說萬有開展的主體爲「阿賴耶識」，「阿賴耶識」並非如《起信論》所說普徧的一心，乃是人人箇體各別的一心，且係相對的箇人的心識，非不生滅、無爲法，而爲生滅、有爲之法，故爲箇人的唯心論，而有各自唯識之稱。就是說，人人各自緣起一箇的世界，各自經營以自己爲中心的人世，其狀恰如多燈燃於一室。這各自緣起的主體叫做「識」，這「識」有八種：眼、耳、鼻、舌、身、意、末那、阿賴耶。其中第八識阿賴耶識具有可開發萬有的潛在勢力之無量種子，物、心、自然、人（色）心、依正等諸法，全是由這第八識體內的種子顯現，所以萬有畢竟爲阿賴耶識的內容，阿賴耶識之外並沒有別的萬法。又這種子有「有漏種子」和「無漏種子」兩種，有漏種子無論甚麼人都共通存在的，由是，吾人之迷的世界爲無限緣起，即所謂生死流轉；無漏的種子有聲聞性、緣覺性和菩薩性三種，而人得各各應於其所而有解脫，其中有菩薩種性的可以成佛，餘者永不得成佛的。這人性論和前之唯心論相待，而爲唯識宗教學著明的特色。

本宗中心教義的「萬法唯識」之法門，始於法相而建立五位、百法，進而明以八識心王爲中心，及其和爲緣起結果的萬法之交涉，而說四分、三類境等的教義，包括爲八識之性的真如和八識及其活動之相用，而分「偏計所執性」、「依他起性」、「圓成實性」之三性。積極的究論真如的實在，而斷爲真空妙有，名之爲「圓成實性」；萬有之現相名爲「依他起性」；其上所起之妄想名爲「偏計所執性」。更由這三性，立「相無性」、「性無性」、「勝義無性」之三無性，而明三性消極的、半面的、空的意義，乃至把頗複雜深玄的教義，在論理的精妙形式之下安排施設。

於實踐的一面，立「十住」、「十行」、「十迴向」、「十地」、「妙覺」等四十一位，以爲外面的實踐行徑路，更約之爲「資糧」、「加行」、「修習」、「通達」、「究竟」之五位。至於內面的實踐行法，說「遣虛爲實識」、「捨濫留純識」、「攝末歸本識」、「隱劣顯勝識」、「遣相證性識」的五種唯識觀，而巧使證入於唯識中道之理境，這境名爲菩提涅槃，二轉依的妙果。涅槃分「有餘」、「無餘」、「無住處」、「本來清淨」四種，菩提分爲「大圓鏡智」、「平等性智」、「妙觀察智」、「成所作智」四智，到達於這妙果的叫做佛陀，於此分「自性」、「受用」、「變化」之三身。

四分是「相分」、「見分」、「自證分」、「證自證分」。「相分」底相是相狀，而以所緣爲義，這是心心所的自體生時，和那起能緣之用同時現表現的影像，即是能緣的所緣對境。「見分」底見是見然，而以能緣爲義，這是共著心心所之自體生時，和那表現所緣的影像，同時而起的見照之用，即是對於其所緣的能緣之作用。但「照」是心性明瞭而能照前境之謂，《四分義記》卷上有道：「爲照之故名『見』，並不是爲見之故名『見』。」如果爲見之故名「見」，那耳識之「見分」也當名爲「聞分」。「自證分」底「自」是自用，就是見分；「證」是證知之義，蓋是從證知自體上之見分作用立名的，這是自證之依主釋。其所以又稱之爲「自體分」，是因在四分之中，實以這第三分爲其總體。「證自證分」底「證」是證知之義，自證即前之「自證分」，蓋是從證知第三「自證分」之作用立名的，這是自證之證之依主釋。

三類境是「性境」、「獨影境」、「帶質境」。「性境」是有實體實用之境，並非爲空想上產物的因緣變之諸法；「獨影境」是沒有本質，唯由能緣心之妄事分別，所生出的分別變之諸法；「帶質境」是一面有本質，一面能緣的心不能得其自相，由心和境兩者之力成立的，通於因緣、分別二變之諸法。

本體現象	佛三身	三土	八識	五智	認定法上人格者
真如	法身（自性身）	法性土	真如 菴末羅識	普偏體	國家
人格者	報身：自報身（自受用身）	自用用土（周圍無際）	第八識正	大圓鏡智	總攬機關及組織
	報身：他報身（他受用身）	他受用土	第七識正	平等性智	被總攬表現人
	應身（變化身）		第六識正	妙觀察智	
		變化土	第五識正	成所作智	獨立人

法界體性智	菴末羅識	阿賴耶識	末那識	意識	眼耳鼻舌身
	九識	八識	七識	六識	前五識
無始無終	無始有終	無始無終	無始無終	無始無終	無始無終
	可破		不可破		

修唯識觀，端身正坐，跏趺坐亦可，不跏趺亦可，兩眼半闔，心中想著法界體性智，生來就是智，智與識是兩樣不是一樣，不是忽而智忽而識，識作主就有生死，智作主將識轉爲智，就沒有生死。

用前五識向內轉第六識，六識轉七識，七識轉八識，八識轉九識，九識的境界是白淨一無所有，到此時思想不可停止，再向一無所有那裏繼續下去，九識一破當下就可以看見法界體性智。法界體性智是普偏體，光明偏照，將阿賴耶識轉爲大圓鏡智，末那識轉爲平等性智，第六識轉爲妙觀察智，前五識轉爲成所作智。從前阿賴耶識作主，我們就有生死，譬如亂世；現在法界體性智作主，我們就沒有生死，譬如世界太平。法界體性智譬如國家，大圓鏡智譬如總攬機關及組織，平等性智及妙觀察智，譬如被總攬表現人，妙觀察智及成所作智譬如獨立人。法界體性智是徧滿虛空、無所不在，名「法性土」，譬如太陽一樣；大圓鏡智是我們的思想，無所不有，周圍無際，名「自受用土」；平等性智是我們起一箇思想，名「他受用土」；妙觀察智、成所作智是隨思想的變化，名「變化土」。法界體性智，名「法身」，即「自性身」；大圓鏡智名「自報身」，即「自受用身」，是不起思想；平等性智名「他報身」，即「他受用身」，是起思想；「自報身」、「他報身」總名「報身」。妙觀察智、成所作智名「應身」，即「變化身」。「法身」是如如不動、絕對的，叫做「真如」；「自報身」，指思想不起；「應身」，隨思想變化，叫做本身人格。

真如無念，是有知有覺，即法界體性智；無始無明無念，是無知無覺，即菴末羅識。法界體性智是普徧十方。真如無爲法分三種：選擇生滅滅已，寂滅是無爲；非選擇生滅，寂滅是無爲；徧滿虛空，寂滅是無爲。

八識區分爲第八識、七識、六識、前五識四種，外面的環境由見聞覺知印相在第八識裏面，而七識、六識、前五識則是由印相在八識裏面的見聞覺知發揮出來。八識、七識、六識、前五識是過去、現在、未來循環往來的，證真如以後，由見聞覺知、前五識、六識、七識、眼見得來的、思想得來的、客觀的宇宙萬物、過去、現在、未來、生滅法，統統變爲真如。未證真如以前，過去、現在、未來一念無明，與真如兩不相干；證真如以後，是一體三寶，不動是真如之體，動是真如之用，主是真如之體，客是真如之用。法界體性智即佛性，菴末羅識即無始無明，阿賴耶識即見聞覺知，末那識即一念無明，第六識前五識即眼、耳、鼻、舌、身、意。

四、天台宗

天台宗是襲用開祖天台大師智顗（天台大師之名是本著所居的山名）之名的。本宗以《妙法蓮華經》爲正依，以《般若》、《涅槃》、《維摩》、《金光明》諸經、《大論》、《中論》等諸論爲傍依。其傳承是稱印度的龍樹、北齊的慧文、陳朝的慧思、隋朝的智顗、唐朝的灌頂、智威、玄朗、湛然爲九祖；或者以智顗爲始祖，到湛然爲六祖；或者更算到湛然以後，至於四明、智禮的八祖，立十七祖；或者金口相承，另立大迦葉以後到師子比丘的付法二十四祖。

慧文禪師由龍樹《大智度論》底「三智一心中得」之文，和《中論》之〈三諦偈〉，會得「一心三觀」之深旨，授之於南嶽慧思禪師。慧思講說於光州大蘇山，天台大師智顗列於其門下，證悟法華三昧，一度到金陵講論，從者極多，但因有所思，隱於天台山。後徇陳主之請求，再到金陵，在江南、江西口演《文句》、《玄義》、《止觀》之三大部和五小部，由「五時八教」、「三千三諦」的大組織，以完成諸法實相論。親侍在他左右，筆錄他演講的，是章安尊者灌頂。其後，在法華尊者智威、天宮尊者慧威、左溪尊者玄朗時代，本宗没有甚麼光彩，但到那出於玄朗的荊溪尊者湛然便又中興起來。湛然註釋三大部的《記釋籤》、《輔行》和對於華嚴宗而著的《金剛錦論》、《止觀義例》都是後世之證權。其後有安祿山之亂、有會昌之破佛、有五代之動搖，雖然由道邃、廣修、外物、元琇、清竦諸師維持一縷的命脈，但因典藉散逸，本宗差不多歸於湮滅了。

宋初，螺溪之義寂，求典籍於高麗，本宗之教學再著於世，同時有山家、山外之爭論，以爲發揮宗義特色之緣。山外之系統起源於義寂，同門之志固，經晤恩、源清、洪敏至於梵天慶昭、孤山智圓，其勢極盛。山家系統是在義通及四明、智禮、慈雲遵式，其中四明以一人當數人的法敵，而且連戰連勝，揭正統之大旆於中外。山外派之主張，以「三千三諦」之主體爲真心，這叫做「心具之三千」；山家派反之，以主體爲陰心，說「色心共具三千」。本宗的教學經兩派之諍論，益得細密明瞭。四明之後，有如仁岳、從義的山外系，對之而有希最、處元、了然、善月的山家系，但皆漸衰，到明代僅見澫益大師而已。

本宗法門以「九識真如心」爲觀境，「一心三觀」爲教義。本宗的教義可概括爲「教」、「觀」兩門；「教」是教相，就是理論門；「觀」是觀心，就是實際門。判教和教理屬於理論門，觀心和行證屬於實際門。

判教

是統一一代佛教，同時定《法華》底位置和意義的。「五時八教」的「五時」是《華嚴》、《阿含》、《方等》、《般若》、《法華》、《涅槃》。佛之說法依這順序就是欲由、擬宜、誘引、彈呵、淘汰，然後入實。「八教」是說法形式的「頓」、「漸」、「祕密」、「不定」之化儀四教，和說法內容的「藏」、「通」、「別」、「圓」之化法四教。「漸」是慢慢地引入；「頓」則反之，直說最極之法；「祕密」、「不定」雖然同時同聽異聞，但凡不知它的同聽的是「祕密」，知道的是「不定」。

藏、通、別、圓是其法界觀之析空、體空、但中（以真理為超絕的）、不但中（以真理為內在的）之區別。藏教於「空」之外見「有」，以故就是「空」，也爲「有」；通教看做「有」即「空」、「空」即「有」，以故攝「有」爲「空」；別教於「有」、「空」之外見得「中道」，以爲「有」、「空」是出於「中道」的；圓教於「有」、「空」之外不見「中道」，以爲中道是「有」、「空」。《華嚴》是頓教，而於圓兼別；《阿含》、《方等》、《般若》都是漸教，《阿含》是但藏，《方等》把藏和通、別、圓對說，令恥小乘而慕大乘，《般若》別圓帶通，由一切皆空淘汰大小對立之執，以開二乘入大之門；《法華》是頓漸以上之純圓，開會二乘而使歸於一佛乘；《涅槃》是因新來的緣故，追說一代教，泯四教而使入於圓教，這樣佛說法之目的纔完成。

教理

法界底萬法全都具有「三千三諦」之理，這便是天台宗教理底骨髓。「三千」是該（概）括法界萬法的，這教目是把《華嚴經》之「十界」、《法華經》之「十如是」、《大論》之「三世間」相乘而得的。「十界」是地獄、餓鬼、畜牲、修羅、人天之六凡，和聲聞、緣覺、菩薩、佛陀之四聖。順看，是向上解脫之徑路；逆看，是向下墮落之徑路。「十界」並非是孤立的，由「十如是」之妙理，以一函九，或向上，或向下，這樣，「十界」互具而成百界。

「十如是」是相、性、體、力、作、因、緣、果、報、本末究竟等，前面九種是萬物之事相，後面一種是萬法之理性，因爲這些事理在百界各各具有的，便成百界千如。三世間是衆生（有情）、國土（非情）、五陰，前面兩種是假法、是別相；五陰是實法、是通體。這三世間各具千如，以成三千之數。那麼，三千是表現萬法之事（十如中之前九）、理（十如中之後一）、總（三世間）、別。十界本來通融無礙，彼此互具，一事物中包羅法界的名字。

三諦是「空」、「假」、「中」，對於境說叫做「三諦」，對於心說叫做「三觀」。「空」是相對世界之消極觀，「假」是立於消極觀上的積極觀，「中」是超絕二極的絕對觀，但是單在理上所得的中諦是「但中」，能夠見得心到理事之相即，纔可得「不但中」的三諦。「不但中」的三諦並非是「但中」，同時也並非是「但空」、「但假」，因爲三諦相即一非一非三、也爲一爲三，這叫做圓融三諦，以區別次第隔歷的三諦。

化儀四教

- 頓——頓大之教即華嚴也
- 漸——初鹿苑次方等三般若
- 秘密——橫在四時別無部帙
  - 或爲此人說頓，或爲彼人說漸，彼此互不相知，能令得益
- 不定——橫在四時
  - 佛以一音演說法，衆生隨類各得解，於頓說中得漸益，於漸說中得頓益

化法四教

- 藏——經律論三條然不同三人修諦緣度析色入空
- 通——通前藏教通後別圓三人同以無言說道體色入空
- 別——別前藏通別後圓教界外獨菩薩法修行位次互不相攝
- 圓——明不思議因緣二諦中道事理具足但化最上利根之人

- 化儀四教
  - 頓——不從漸來直說於大
  - 漸——從淺之深次第得益
  - 秘密——人相見共聞法互不相知
  - 不定

- 化法四教
  - 藏——文能含理理能含文
  - 通——通前藏教通後別圓
  - 別——別前藏通別後圓教
  - 圓——圓名圓妙圓頓圓足

- 圓名四釋
  - 妙——三諦圓融不可思議
  - 滿——三一相即無有缺減
  - 足——圓見事理一念具足
  - 頓——體非漸成故名圓頓

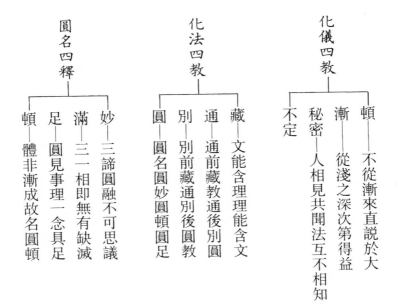

觀心

本宗的教旨是在於實修一心三觀之觀法，一心三觀是立於三千三諦之教理上，就是因一切萬法全具三千三諦之理，諸法無非是實相，故可即現實之一心認識涅槃之門戶。那麼，一心三觀是要把一切諸法三諦圓融、法法三千之理，證悟實現於止觀的一心上。止，是說禪定之消極方面；觀，是說積極方面。有止就有觀，有觀就顯止之用，以故欲成就止觀，先當具五緣、呵五欲、棄五蓋、五調事、行五法，以爲預備，這叫做二十五方便。

止觀之對象是陰、煩惱、病患、業相、魔事、禪定、諸見、慢、二乘、菩薩，這叫做十境。止觀底方法分爲觀不可思議境、發真正菩提心、善巧安心、破法偏、識通塞、道品調塞、對治助開、知位次、能安忍、離法愛，這叫做十乘觀法。十境之中以第一的五陰爲對象，在五陰中以識陰爲對象最爲適當，其他九種不過附屬於識陰罷了。十乘觀法因爲是可度生死苦海的乘，所以有這箇名字。其中，第一的觀不思議境就是心，這不外吾人之日用現前而起的一念妄心，這心是全真底發動，之外便沒有真，以故於這妄心中具足三千諸法而無有缺減。心和一切法，橫說起來是非一非異，豎說起來是不前不後，玄妙寂絕，不可識、不可說，以故說是不可思議境。於這一心，念念用即空、即假、即中之三觀觀之。

觀
- 一切即一法—空觀（離相離性）破見思惑證般若德
- 一法即一切法—假觀（無法不備）破塵沙惑證解脫德
- 非一非三（雙昭空假）
- 而一而三（雙遮空假）—中觀（非空非假）破無明惑證法身德

因爲三觀既是即一而三，所以破三惑並非前後，證三德並非次第，祇是說的時候分出次第罷了，理並沒有次第。這觀不可思議境是十乘觀之根本上根的，便由此進於真的域；爲著不得此的中根的緣故，加次之六乘觀；又爲著尚不得達的下根的緣故，加最後的三乘觀。

行證

本宗之行位是八位、六即，證果是三身、四土。八位是說五品（伏三惑）、十信（斷三惑）、十住、十行、十向、十地、等覺、妙覺（以上四十二位，各斷一品之無明）；六即是「理即」（不知具足三千三諦的位）、「名字即」（善能瞭解而知一切皆佛法的位）、「觀行即」（念念明照三千三諦的位）、「相似即」（觀念相續之功顯而三惑盡，得六根清淨的位）、「分真即」（觀念徹底，無明漸斷，法體漸顯的位）、「究竟即」（無明無餘，法體悉顯的位）。「六」是從修行的位次說的，行者因此不墮於增上慢；「即」是由所顯之理體說，行者因此不墮於自屈。初一是理性，後五是修德。對配八位和六即，如表一：

三身是應、報、法之三身。應身有勝、劣二身，報身有他受用、自受用二身。劣應身出現於穢土，爲凡夫所見；勝應身出現於淨土，爲三賢、三乘等之所見。他受用報身音聲無邊、色相無邊，爲斷無明、證中道的菩薩之所見；自受用報身是如來內證、自受法樂之身，是唯佛與佛之境界。法身雖是無色、無形、言亡慮絕之身，但因報應之當體即法身，或可得說有色相。有說法四土，是凡聖同居土（有穢土、淨土）、方便有餘土（不斷無明的所感）、實報無障礙土（斷無明的菩薩所居）、常寂光土（諸佛如來之安位處）。前三土是由事上、修上立名，最後之一是由理上、性上立名。三身、四土底關係如表（二〇七頁）：

修三止三觀，是由漸修經過，然後修頓悟。

修天台觀時，端身正坐，跏趺坐亦可，不跏趺坐亦可，兩眼半闔，觀到中的時候，是清淨空洞一無所有，思想千萬不要停止，再向前觀下去，元品無明一破，就

- 理即——素法身
- 名字即——發菩提心
- 觀行即——五品位
  - 自行
    - 隨喜
    - 讀誦
  - 化他
    - 說法
    - 兼行六度
    - 正行六度
  - 修大乘觀法、伏五位地惑——外凡
- 相似即——十信位
  - 初信斷見惑
  - 二信至七信斷思惑
  - 八信至十信斷塵沙惑
  - ——內凡
- 分真即十位十行十迴向十地等覺位
  - 斷四十一品無明
  - 八相成道
  - ——分證位
- 究竟即——妙覺位
  - 斷元品無明
  - 智斷圓滿
  - ——成清淨法身

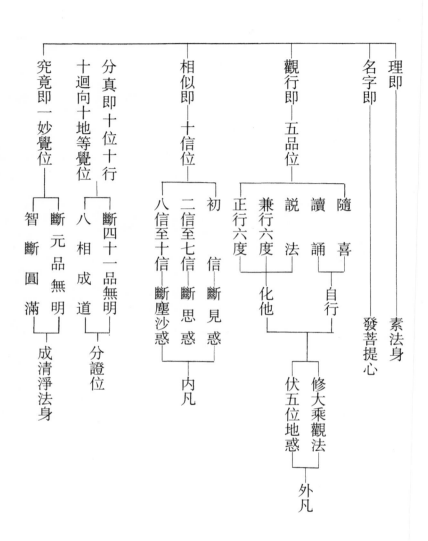

可以見圓妙覺性。圓妙覺性即佛性，元始無明即無始無明。

- 應身
  - 劣——凡夫所見（未斷惑）——穢土（如釋迦）
  - 勝——三賢二乘等所見（未斷無明）——淨土（如彌陀）
    - 三賢二乘等所見——方便土
  - 穢土、淨土——凡聖同居土
- 報身
  - 他受用——菩薩所見（斷無明證中道）——實報土
  - 自受用——唯佛與佛智見
- 法身——常寂光土
  - 常——法身
  - 寂——解脫
  - 光——般若

可以打破

- 圓妙覺性元品無明
  - 空、假、中
  - 即
  - 寂靜爲相、幻化爲相、離前二相
  - 以
  - 奢摩他、三摩提、禪那
  - 觀
  - 見聞覺知

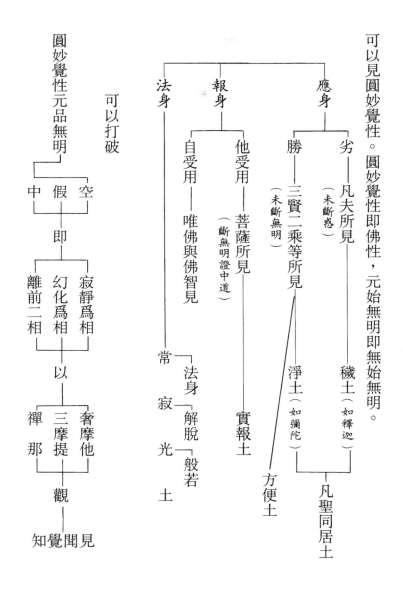

五、華嚴宗

是把《華嚴經》當做本典的一宗，本宗把五教十宗之目判釋釋迦一代底教相，把四法界之目區分其教義，把「事事無礙法界」當作本宗的教義，把「十玄緣起」、「六相圓融」論述事事無礙底法門，隋朝的杜順和尚就是這宗底祖師。到唐初，他的門人至相寺智儼大顯揚宗旨，但是那時剛值玄奘初從印度歸來，鼓吹新譯經論，所以智儼不能十分開顯《華嚴》底妙義。到則天武后時，法藏出，著《五教章》，把五教十宗分判一代底佛教，製《華嚴探玄記》，以「十玄六相」發揮法界底妙理，說「重重無盡、主伴具足」不可思議底法門，滔滔不絕。因此，以法藏爲本宗高祖，就是世所稱爲賢首大師或香象大師。但是門人靜法寺的慧苑和法藏見解稍有不同，作《華嚴刊定記》，刊師說創新意，祖承差不多斷絕了。這時，有居士李通玄研究《華嚴經》，作論百卷，世人稱之爲《李長者底華嚴論》，但是這論並不遵奉賢首。德宗時，清涼澄觀出，博通八宗而專弘華嚴宗，遙繼賢首底絕脈，闡揚「性起」底宗風；同時又有圭峯宗密，起初學荷澤底禪，後就澄觀弘華嚴，於是本宗頓復興。武宗會昌五年，廢佛毀釋，後唐末五代，又復騷亂相繼，諸宗都有中絕的樣子，本宗也僅僅於五台山中維繫一縷的命脈。到趙宋一統四海紹隆三寶，纔復向隆興的氣運，這時長水子璿出，繼宗密底遺緒，晉水淨源又踵出，唱華嚴之學，道亭、觀復、師會、希迪等就是所稱爲宋朝四大家的，製疏、造章、研究賢首底教義，後通元明時代，本宗教義底研究不絕。

教義

華嚴宗是從《華嚴經》立的，關於這經底宗趣，古來所說不同。賢首國師依據光統之說以「因果緣起、理實法界」爲宗趣，而這「因果緣起、理實法界」之說，遠超過他經所說之義，以故清涼特加以「不思議」之稱，以「因果緣起、理實法界、不思議」爲宗旨。所謂因果是甚麼呢？一經三十四品凡有五周的因果，其一，最初的二品是所信的因果；其次，〈如來名號品〉以下的三十品是修證的因果，其中，在前的二十八品明住行向地之法門，是爲第二差別的因果；其次，普賢「性起」的二品，明「非因非果」之法門，這是第三平等的因果；其四，〈離世間品〉是成行的因果；其五，〈入法界品〉是證入的因果。這樣一經通明因果之法門，總括說來是舍那和普賢的法界，普賢之法界爲因，舍那之法界爲果。一經之始終，不外乎明舍那、普賢因果之法門，這就是所謂因果。

其次「緣起」如上所說因果之法門，是「緣起融通、無礙自在」，因一法即一切法，一行即一切行，一德即一切德，一位即一切位的緣故，所以雖說十信、十住、十行、十迴向等階次，但是一位一位各攝一切位，初發心和究竟的佛果絲毫沒有兩樣，不同他家說初住分見法身。本宗談信滿成佛，於初發心時便成究竟正覺，這蓋因「六相圓融、十玄緣起」無礙之法門的緣故，這就是說因果緣起。

其次「理實法界」，上面的「因果緣起」爲事，「理實」爲理，因這理、事都是法界緣起的實德，以故理也是法界、事也是法界。總括之，則爲唯一法界；開之便是事法界、理法界；更開之，便是理事無礙法界、事事無礙法界，這稱爲四種法界。這樣，《華嚴經》一部的宗趣，在於明瞭「因果緣起、理實法界」之法門。就這一部總標題說來，那「大方廣」是理實法界，《華嚴經》是「因果緣起、理實法界」之法門的緣故，叫做《大方廣佛華嚴經》。

教判

華嚴宗立「五教、十宗」以判釋一代佛教。「五教」是小乘教、大乘始教、終教、頓教、圓教。小乘教是說生定之理而不知法空之理的《阿含經》、《婆沙論》、《成實論》等所說；大乘始教是大乘初門的淺近教義，「空始教」是指《般若經》、《中論》等所說的空教；「相始教」示諸法之性相，說事相隔歷的《深密經》、《瑜伽論》等的有教；終教是說大乘終極之法的《楞伽經》、《起信論》等之說。這始、終二教，是大乘漸教中的始終；頓教是說一念不生即成佛而教理行果皆頓之教，《維摩詰經》等所說便是；圓教是圓滿周備無礙自在之教，《華嚴》之一乘教就是。這華嚴一乘之教流出而為別的四教，四教是入而成華嚴一乘之教的。

「十宗」是「我法俱有宗」、「法有我無宗」、「法無去來宗」、「現通假實宗」、「俗妄真實宗」、「諸法俱名宗」、「一切皆空宗」、「真德不空宗」、「相想俱絕宗」、「圓明具德宗」，其上面六宗都是小乘教，因其於我法之上有無之見各別而分的；第七的「一切皆空宗」當於始教；「真德不空宗」當於終教；「相想俱絕宗」當於頓教；「圓明具德宗」當於圓教。蓋「五教」和「十宗」其內容是一致的，但「五教」是由法義判教的，「十宗」是就其法義之理趣而分的。這「五教十宗」之判，正出於賢首的《探玄記》中〈五教章〉，而且五教根據杜順底《五教止觀》，倣於光統漸、頓、圓之三教，天台之藏、通、別、圓之四教。又十宗中，前八宗和慈恩之八宗大致相同，到清涼，後之四宗其名稱和次第就有更改了。

二種法門

華嚴宗有「性起法門」、「緣起法門」之二種，這在《華嚴經》中說來，〈普賢行品〉是「緣起法門」，〈性起品〉是「性起法門」；緣起是因，性起是果；緣起是普賢之法門，性起是舍那之法門。先說「緣起法門」，緣是機緣、因緣，是生起、說起，就是「機緣說起」、「因緣生起」，由這二義叫做緣起。其中把不可說之性海果分隨機緣而說起，是「機緣說起」之緣起；而此法即由因緣和合而起的，便是「因緣生起」之緣起。但是雖說是「因緣生起」，如真如爲因，無明爲緣，論真妄和合之緣起的，是終教位之「一相孤門」之緣起論，今華嚴別教一乘，不那樣的別立因緣。本宗說：「因有力，緣便無力；緣有力，因便無力。有力無力，相入相由，緣起重重無盡。」這樣，雖然有「機緣說起」、「因緣生起」之差別，要之，緣起法門是就緣起現前之末位，對於普賢因分之機而立的法門，是觀無盡之緣起而由因向果的法門。

其次，性起法門並非由因向果的，乃一直觀達本來果相，就一心之心性本來出纏，顯出其爲佛果。以無障礙天眼觀之，十法界中無一逆倒者，一切衆生界都具如來之智慧德相而本來成佛。世尊始成正覺時，以天眼觀法界，見一切衆生全都成佛，世尊便歎道：「奇哉！奇哉！一切衆生之心中皆具如來之智慧德相。」這是性起法門之妙趣。

以上「性起」、「緣起」二門，「性起」是本，「緣起」是末；「性起」是果，「緣起」是因。雖然有這樣本、末、因、果之別，但因所謂心、佛和衆生是三無差別，爲《華嚴》之根本教義，所以都是依據。唯心這法門是一樣的，但「緣起門」是因位之唯心，「性起門」是引上之於果海的如來藏之一心，這就是不同之點。又把這華嚴底「性起」和天台之「性具」比較之，蓋法華元是攝末歸本之法輪，以故以因心之本具爲主；華嚴是從本垂末之法門，以故染淨之諸法常。引上之於法性之本源，就是天台「性具」之法門，引下佛果之果德於九界之迷；而「重」、「具」之一字華嚴「性起」之法門，引出九界之迷於佛果之上，著重在「起」、「之」字。如果再仔細比較，還有數多的異點。要之，天台是語因心之本具，華嚴是論果上之顯現，這是相差的要點。

華嚴五教十宗

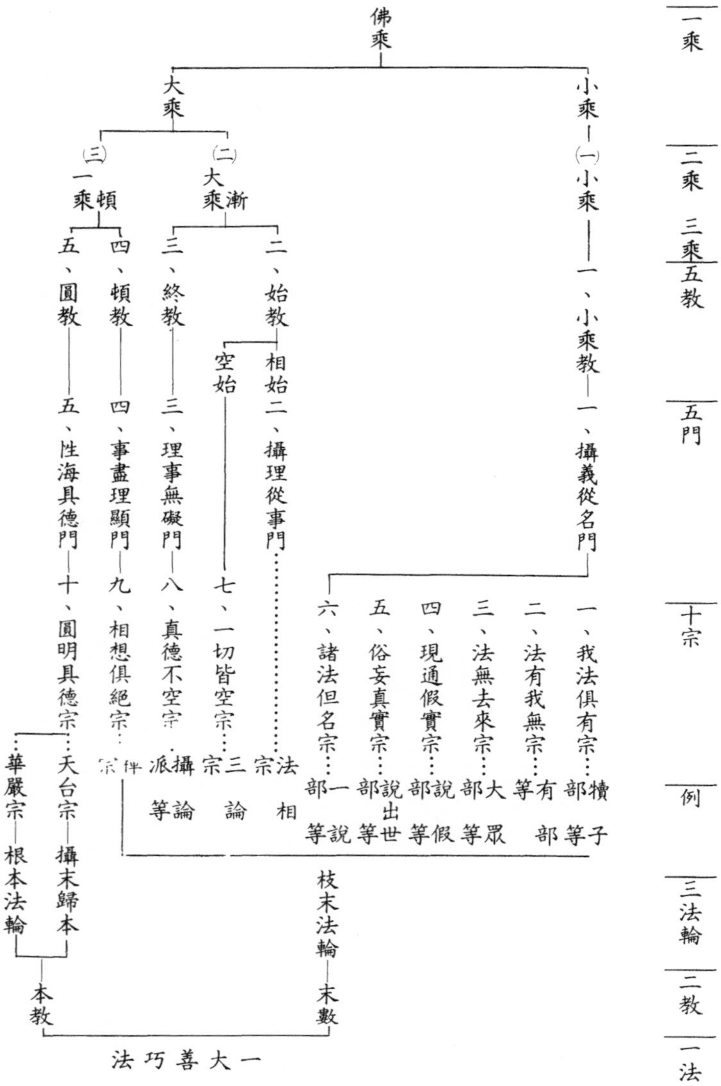
一乘
三乘
三乘
五教
五門
十宗
例
三法輪
二教
一法
佛乘
大乘
小乘
㈠小乘
㈡大乘漸
㈢一乘頓
一、小乘教
二、始教
三、終教
四、頓教
五、圓教
相始
空始
一、攝義從名門
二、攝理從事門
三、理事無礙門
四、事盡理顯門
五、性海具德門
一、我法俱有宗
二、法有我無宗
三、法無去來宗
四、現通假實宗
五、俗妄真實宗
六、諸法但名宗
七、一切皆空宗
八、真德不空宗
九、相想俱絕宗
十、圓明具德宗
犢子部等
有部等
大眾部等
說假部等
說出世部等
一說部等
法相宗
三論宗
攝論等派
禪宗
天台宗
華嚴宗
攝末歸本
根本法輪
枝末法輪
本教
末敎
一大善巧法

諸法說明

華嚴宗把一切無盡之諸法，總攝在「十義」之中，「十義」在〈五教章〉是「教義」、「理事」、「解行」、「因果」、「人法」、「分齊境位」、「師弟法智」、「主伴正依」、「隨生根欲示現」、「逆順體用自在」（這十門底名目在《十玄門搜玄記》、《探記》、《華嚴旨歸》、《文義綱目》等互有出入異同）。以上十義都各各具有十門，以這十門爲首，攝一切無盡之諸法，這十義，就是這十玄門所依之體事。十義各具十玄，十玄又各有十義，這樣便成爲重重無盡之緣起。

所謂十玄門：一、「同時具足相應門」，是居一門十玄底首位，而爲後九門底總句。就是：前面十義之諸法同時相應，而能具足於一法之上，以成諸法一緣起，而且前後、始終等差別炳然不濫，這就是「同時具足相應門」。以下九門，各各以別義表無盡緣起。二、「一多相容不同門」，是關於用之相入。三、「諸法相即自在門」，是約體之相即。四、「因陀羅微細境界門」，以帝網喻顯體用之相即相入、重重無盡。五、「微細相容安立門」，是約相的。六、「祕密隱顯俱成門」，是約緣的。七、「諸藏純雜具德門」，是約行的。八、「十世隔法異成門」，是約世的。九、「唯心迴轉善成門」，是約心的。十、「託事顯法生解門」，是約智的。雖然這樣，九門各顯別義。

總說起來，都收入於第一「同時具足相應門」，以顯一切諸法同時相應、重重無盡、主伴具足而無所缺，這稱之爲「法界緣起」。這樣，「十玄」之法門，所以緣起圓融無礙自在，是依於「六相」之法門的緣故。六相是「總相」、「別相」、「同相」、「異相」、「成相」、「壞相」。六相就是由三對成的，這就十玄門說來，第一門是總相，其餘九門是別相，這是總別一對；九種的玄門同成圓融，九玄而且相異的是同異一對；九玄都成圓融之法，九玄差別而各住於自位，是成壞一對；這三對之中，總別約體，同異約相，成壞約用。總、同、成之三者是圓融門，別、異、壞之三者是行布門。行布圓融互入而無礙自在，以故十玄緣起，圓融無礙而重重無盡，具足主伴，遂成一切諸法，同一法界緣起。

修證次第

華嚴宗有「約位」、「約行」、「約理」的三種成佛，出於《探玄記》卷三，這是釋普莊嚴童子得法分齊的文。普莊嚴童子是釋迦如來之前身，唐譯叫做「大威光太子」。三種中第一「約位」之成佛，是所謂信滿成佛，「十信」之終心勝進分之後，進入於「十解」之初位便爲成佛，因爲「十解」之初位是三乘終教不退位的緣故，約於這位而以一乘六相融攝，具後面的諸位而談究竟成佛。第二「約行」的成佛是諸位融即之所談而不別依位的次第，但從「自分勝進」之究竟而談成佛。就所謂「自分勝進」，《探玄記》卷二有七重的分別，其中此刻所說是第七的因果分別，就是「因成」叫做「自分」，入於果是「勝進」，不另說位。第三「約理」的成佛，就是舊來本成之所談，性德本滿，諸相皆盡，一切衆生皆已成佛，竟不更待新成。

和以上三種成佛義約略相同的便是「行位」，也立三義，出於《五教章》卷下。三義是「寄位」、「約報」、「約行」，其中「寄位」和「約行」和上述的相同，缺乏「約理」而出「約報」，因既明行位差別的緣故。上述的三種成佛缺掉「約報」，是因普莊嚴童子沒有「約報」之義的緣故。「約報」之行位是「見聞」、「解行」、「證入」的三生成佛。《探玄記》卷八就善財童子的得法分別之，道：一、見聞位，就是善財次前的生身，因這見聞是如普賢之法的緣故，成解脫分三善根。二、解行位，是善財此生修五位之行法而頓成的。三、證入位，就是因位究竟而沒同於果海，爲善財的來生。這三生成佛是華嚴別教一乘不共之談，在餘教中所不曾有過的。

但《華嚴問答》卷下說：「見聞等之三位，從三乘之位說，如果是普法之正位，便是無住、無不住，一切的六道三界，一切的法界法門都無非是普法之位，又是一位一切位、一切位一位。」位之法門是這樣，一切教行義等法門也都這樣，蓋雖說三生，不必是三世隔生。經上說：「初發心時便成正覺。」就是信滿，初發心時解行滿而證入究竟之果海。有甚麼隔生之義呢？凡是別教一乘之義，在以分段身直到佛果，但是彌勒菩薩告善財童子道：「我當來世成正覺時，你當見我。」且因爲要顯三生行布之差別，約於因果之前後，說果在於當來，以故《五教章》卷下結釋三生成佛之義道，當知此約因果之前後分二位，所以前位但是因圓，果在於後位，所以說：「當見我。」並非必定說隔生可以見了。《華嚴問答》由這箇意思，說見聞等之三位是依三乘而說；若普法之正位，便是無住無不住。那麼，約於報而說三生成佛，是關於行布門而顯因果之前後差別；如果約於圓融之實義，那是所謂初發心時便成正覺，更不待於隔生；如果又約之於舍那所照之境，那是所謂舊來本成，一切衆生都具如來之智慧德相，本來成佛竟，更沒有新成。

佛身佛土

華嚴宗的佛身是十身具足之佛，關於這十佛有解境、行境之兩種，解悟照了境的佛叫做「解境的十佛」，解趣修證的佛是叫做「行境的十佛」。「解境的十佛」是「衆生身」、「國土身」、「業報身」、「聲聞身」、「緣覺身」、「菩薩身」、「如來身」、「智身」、「法身」、「虛空身」，出於《華嚴經．十地品》之第八地之下。「衆生身」是衆生世間，「國土身」是國土世界，「業報身」舉業而略惑，就是衆生和國土二世間能感之因緣；其次「聲聞身」以下的七身是智正覺世間，以故十身名爲融三世間的佛。其行境的十佛是「正覺佛」、「願佛」、「業報佛」、「住持佛」、「化佛」、「法界佛」、「心佛」、「三昧佛」、「信佛」、「如意佛」，出於《華嚴經》的〈離世間品〉，這正是解絕而修證的佛。以上二種的十佛，爲解行相即、融三世間的一大法身雲，這便是「毗盧舍那如來」，以故叫做「十身具足融三世間的佛」。

其次，華嚴宗分佛土爲兩種：一是國土海，二是世界海。國土海是十佛之自境界，這是不可說之界分；世界海是攝化之境界，這是因分可說之土。世界海之中分三類：一是「蓮華藏莊嚴世界海」、二是「十重世界海」、三是「無量雜類世界海」。第一、「蓮華藏世界」是證入身之土，因爲既是證入果海之世界，所以正是果分不可說之境界，但是和次之見聞解行並肩的果海，所以屬之於可說之位，雖然屬於可說之位，但因這並非異於不可說之可說，所以並非是一相寂的世界，乃是主伴具足而重重無盡。第二、「十重世界」是這解行生的土，「十重」約於「十地」，就是於解行生諸位中，就「十地」而明其土。第三、「無量雜類世界」是見聞生的土，流類非一故叫做無量雜類世界。

以上三類的世界海是盧舍那十身攝化的境界，而這三類並非在於土體有別，乃把唯一的華藏世界，約於機之所見而分爲三類。就是如果直約於果人，那所嚴則爲染淨而通局並爲無礙，這是第一類；如果約於「解行生」的人之感見，那是莊嚴殊勝的淨土，而並非雜穢的娑婆界，故說是三界之外，其實並非說有別處，這便爲第二類；如果約於「見聞生」的人之感見，那是無量雜類的世界，這便爲第三類。就是把一華藏界約於三生的人而分爲三類，而名這三類爲世界海，以和國土海分別。因爲國土海是性海果分之土的緣故，顯土體圓融不可說，直說是國土；又因世界海是緣起因分之土的緣故，緣起的土體顯有差別分隔而叫做世界。以上是華嚴宗教義底大要。

華嚴一乘－乘教
- 別教一乘
  - 性海果分
  - 緣起因分
    - 分相門
    - 法攝門
- 同教一乘
  - 分諸乘——一乘二乘以下無量乘
  - 融本末
    - 泯權歸實門
    - 攬實成權門

修華嚴法界觀，端身正坐，跏趺坐亦可，不跏趺坐亦可，兩眼半閤，用眼根反觀，觀到清淨黑闇、空洞一無所有，此時思想不要停止再向前觀，根本無明一破，就可以見一真法界。

用功將根本無明打破後，證一真法界，悟後融會四法界觀，真妄同體。

一真法界
- 可破　根本無明
- 染緣　見聞覺知　淨緣
- 不可破　一念無明
- 眼、耳、鼻、舌、身

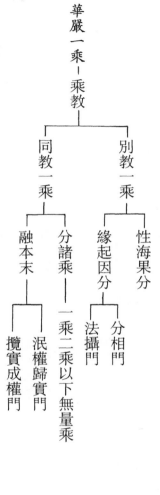

六、真言宗

大日如來所立自內證法門，就是真言祕密之教的宗，詳稱爲「真言陀羅尼宗」。大日如來對於自眷屬，因爲自受法樂，於祕密金剛法界心殿常恒說法，第二祖金剛薩埵稟教命結集這三密瑜伽底法門，藏於南天竺底鐵塔，這是還沒有流傳於世的時代。當釋迦牟尼佛入滅後八百年代，南天竺有龍猛菩薩加持白芥子開鐵塔，親遇金剛薩埵灌頂受識，爲第三祖；經第四祖龍智到第五祖金剛智，在唐開元八年始傳之於中國；金剛智底弟子不空從師東征，付法爲第六祖；金剛智示寂後再赴印度，進入龍智底室，歸東傳譯了許多經軌。其先開元四年，同爲龍智弟子的善無畏也來到唐土，譯《大日經》，門下的一行撰《述疏》二十卷，但是因這兩師其血脈斷絕，所以稱之爲傳持之祖，並不列於付法之祖。第六祖不空的門下有惠果斷法。

教義

宗名「真言宗」，是「真言陀羅尼宗」的略語。這宗名稱乃大日如來自說，不和他宗各爲後人所立的相同。《金剛頂分別聖位經》上說：「真言陀羅尼宗是一切如來祕奧之教，是自覺聖智修證之法門。」「真言」是梵語「曼陀羅」譯名中之一種，是真實語言的意思，就是指大日如來所說自己內證法門的如義真實的言語。「陀羅尼」是梵語，譯義爲「總持」，是總攝任持的意思，就是說，大日如來之所說，文義都具無量無邊底義理而不失。總之，是舉屬於大日如來之語密的「真言陀羅尼」爲宗名的。然而這宗以真言、印相、觀想的三密相應爲特徵，何以祇以語密之一爲宗名呢？這就因身密和意密兩者，在顯教諸宗雖也或有談及的，然但立聲字假立之義而未知語密。以故，這宗談聲字即實相，把這特重語密之點取爲宗名，以表示其超勝獨妙之所以。

這宗尚有幾多相異的名稱「密宗」、「密教」、「密乘」、「祕密宗」、「祕密藏」、「祕密曼荼羅宗」、「曼荼羅教」、「瑜伽宗」、「陀羅尼宗」、「金剛乘」、「偏一切乘」、「三摩地宗」等，其中「密宗」、「密教」是依法身直說之祕密法門而名的；「瑜伽宗」是依加持感應、相應涉入之旨而名的；「金剛乘」等是依大日如來之心王心地金剛堅固之乘教而名的。

這宗所依底本經爲《大日經》、《金剛頂經》兩部，這稱爲兩部大經，更加《蘇悉地經》、《瑜衹經》、《要略念誦經》三部，稱爲五部祕經，這便是純部密教；至於雜部密教爲數不少，又其所依的論釋，有《發菩提心論》、《釋摩訶衍論》、《大日經疏》、《金剛頂經》、《義訣》等。

教判

這宗以顯、密二教、十住心判一代佛教。顯教是文義顯露，淺智易了，隨機方便權門之設施。就佛身言，便是他受用、應化佛底所說；密教乃事理幽深，超絕機情底法身，內證祕密法門底實義。就佛身言，便是大日法身所說。密教所對雖可偏及於佛一代所說底顯教，但是在這二教論上面，特對於華嚴、天台、三論、法相底四箇大乘而言。其次，就小乘大乘、三乘一乘而言，顯教密教等之有差別淺深的，依此，可得示背闇向明之相，明遮劣得勝之義。

教旨

這可以分做事教二相、三大建立等項說之。

事教二相之區別　教相是論「六大」、「四曼」、「三密」等的玄理，說「即事而真」，顯「現象即實在」底極致；事相是說把那樣甚深難思的教相，實現之於事相上，於父母所生的肉身即證大覺位。總之，教相和事相便是理論和實際，這兩者決不可相離，以故古人相戒道：「不知教相的事相家，如果三代傳授，當墮於外道。」就是離教相的事相便著魔事，離事相的教相也不能在密乘之域。

三大建立　凡一切諸法，雖然其本末底因緣廣大無邊，都可以包括在「體」、「相」、「用」三大之內，但是三大之所談，密顯二教各不相同。就是顯教以真如為體，以本覺恒沙之性德為相，報應二身之化用和衆生善惡之業作為用；密教以地、水、火、風、空、識六大為「體大」，「大」、「三」、「法」、「羯」之四曼為「相大」，「口」、「身」、「意」三密為「用大」。六大是法門之體性、法性之源底。四曼是六大所做，性德緣起之別相，三密是因為色心即實相的緣故，顯出三業齊到於果上。

兩部曼荼羅

兩部是「金剛界」、「胎藏界」。「金剛界」九會之建立、四曼四智印、五部五智底法相，乃開如來之果德的，其說種子是「元」字，是表修生上轉門之義的；

「胎藏界」四重圓壇、十三大院底建立「字」、「印」、「形」三祕密、「佛」、「金」、「蓮」三部之法相，乃示衆生本有之因德的，其說種子是「孔」字，是表示本有下轉門之義。把這兩部約於一多法界，「金剛界」是「不二」而爲一法界，「胎藏界」是「而二」而爲多法界；又其「不二而二」雖說「不二」，但是「二即不二」，並非是「遮二詮一」之謂，兩部色心各各的當體便是「不二」；又就是說「而二」也是「不二即二」，並非色心乘隔之二，乃是有即離不謬之妙義的。

佛身佛土

關於佛身，表面上雖和顯教同立三身，其實報、應之二身屬於顯教，惟法身是密教教主。又在法身之中分四種、五種法身，四種法身是自性、受用、變化、等流，五種是在四種之上更加以法界身。又關於四種法身，分「本地身」與「加持身」，古義立「自證」說，新義立「加持」說。又關於佛土，有「密嚴佛土」、「十方淨土」、「諸天修羅宮」的三種，第一是法身之所居，第二是報身之所居，第三是等流身之所居。又如次得上品之悉地的，得中品之悉地的，得下品之悉地的所感之土。那麼，這些佛土是隨衆生的性欲而分的，其體無性不可得，而且宛然於無淺深中而現淺深之相的。但是這樣的佛身、佛土是在甚麼地方呢？其在己身之外說佛身，在穢土之外示淨土，祇不過欲利導封執行惡底凡愚罷了，如果據著實義，因那父母所生身即證大覺位的緣故，三業之外無佛身，即穢土便可得淨土的。

機類

關於機類底分別，或爲二機，或爲三機、四機等，其中總別合爲九機的最爲精。其九機先立遷回、漸次、直往的三機。直往之機又分結緣、傍、正的三機，更從正機分漸、超、頓的三機。遷回之機是現爲顯教之機，漸次之機是從顯入密之機，直往之機是真言宗之機，其中結緣之機受結緣灌頂而結緣於密教的，傍機不能具修三密的妙行，祇是修一密、二密的，這同是隔生成佛之機。又正機中的漸機，是從六無畏漸進，而於一生之內契證於初地的修行分證之機；超機是從初無畏超過中間的諸無畏，而於一生之內契證於初地的超越證之機；頓機是於一念、一時超三劫六無畏，而契證於初地的發心即到之機。但是這九機之說，多爲古義派所用。

成佛

凡一切諸法都是六大所成，就是兩部曼荼羅底法體。以故，所謂成佛，也並非如願教捨這身而成佛，乃以這父母所生的肉身成佛的，是所謂「即身成佛」，也得就其義門而區別爲理具、加持、顯得的三種的。

位階

既立了「即身成佛」的義，便不可存有位階等，但是欲顯平等即差別之義，在無階級之中而辨階級，立「三句」、「五轉」、「六無畏」等的位階。「三句」就是「菩提心爲因、大悲心爲根、方便爲究竟」，是真言行者由因到果的階級。「五轉」是開「三句」的發心修行，菩提、涅槃、方便究竟就是關於這次第建立，有「中因」、「東因」之二義。前者是不空所傳，是從本有轉於修生的本體合論之次第。「六無畏」是「善無畏」、「身無畏」、「無我無畏」、「法無畏」、「法無我無畏」、「一切法自性平等無畏」，經這六無畏得達於初地，蓋這不過擬於常途而示內證之淺深的。「十地」名目同於顯教，但因這宗以「初地即極」爲實義的緣故，須是爲開初地之德而爲十地的。

真言宗修法身觀，端身正坐，跏趺坐亦可，不跏趺坐亦可，兩眼半閤，身對佛相，口念真言，意思觀想身、口、意三業相應，大日如來法身佛三密加持。密宗的修法太多，不論隨修那一法，以身、口、意三業相應，打破黑闇境界見大日如來爲宗旨，黑闇境界打破後親見大日如來，就叫做即身成佛。大日如來就是自性身，大日如來的光明一照，將見聞覺知變爲大日如來受用身，大日如來光明一照，將一念無明變爲大日如來，大日如來光明一照，將眼、耳、鼻、舌、身、意變爲大日如來變化身，大日如來變化身一照，將人生宇宙萬物變爲大日如來。大日如來即成佛，黑闇境界即無始無明。

可以打破　染　不可破

大日如來　黑闇境界　見聞覺知　一念無明　眼、耳、鼻、舌、身、意

淨

七、禪宗

釋迦牟尼佛在靈山會上，拈梵天所獻的金波羅華（花）以示八萬大衆，大衆惘然不能瞭解他的意思，祇有迦葉尊者欣然破顏微笑，那時佛宣說：「吾有正法眼藏，涅槃妙心，實相無相，微妙法門，付屬摩訶迦葉。」這稱爲「拈華瞬目，破顏微笑」，也叫做「以心傳心」法門，就是禪宗底起源。迦葉尊者傳之於阿難，從阿難而商那和修等輾轉相續，到菩提達摩，稱爲西天二十八祖。在中國始傳正法的是西天第二十八祖菩提達摩大師，大師在梁武帝普通元年來到中國，得慧可傳以衣法，所以菩提達摩大師稱爲中國第一祖。四傳到五祖弘忍，其門下有惠能、神秀兩大弟子，神秀行化於北地，叫做「北宗」、「北禪」或「北漸」，惠能爲南地津梁，叫做「南宗」、「南禪」或者「南頓」。到惠能，中國禪風大爲隆盛，爲中國

禪宗底中興時代。惠能被尊稱爲「曹溪六祖大師」，在大師門下有數千百底得悟者，尤以南嶽底懷讓、青原底行思智德並高，便以二人爲正嫡，單傳正法，爲南宗底二神足。南嶽門下出臨濟、潙仰二宗，青原門下出曹洞、雲門、法眼三宗，稱爲禪宗底五家。又在臨濟門下，出楊岐、黃龍二派。列表如下面：

六祖惠能
- 南嶽—馬祖—百丈
  - 黃檗—臨濟—臨濟宗
  - 潙山—仰山—潙仰宗
- 青原—石頭
  - 天皇—龍潭—德山—雪峯
    - 雲門——雲門宗
    - 玄沙—羅漢—法眼—法眼宗
  - 藥山—雲巖—洞山—曹山—曹洞宗

但是禪宗底分派和其他各宗不大相同，祇是由祖師性格、接化手段底差異，並非在教義本身上唱異議的。本宗因爲注重坐禪，所以世人稱之爲「禪宗」，以和他宗區別，但是本宗內部以佛法總府爲任，所以「禪宗」這箇名稱是很爲不適當的。現在舉一種關於這名稱底辯論：宋範覺禪師在其所著《林間錄》道：「菩提達摩初由梁之魏，經行嵩山之下，倚杖少林，面壁晏坐七年，非習禪也，久而人莫測其故，因以達摩爲習禪。夫禪那僅諸行之一，何足以盡聖人？」

次就宗旨底大要一言，本宗既經以佛法底總府自任，所以不別定所依底經典，透脫八萬四千底教綱，超出於大、小、顯、密之外，單傳如來心地底法門，以頓使人徹見本性，直捷成佛爲主義，所以說：「不立文字，教外別傳，直指人心，見性成佛。」

大乘修「六波羅蜜」，「波羅蜜」名爲到彼岸，六度者，布施、持戒、忍辱、精進、禪那、智慧。修大乘的人叫「菩提薩埵」，「菩提」者，覺也；「薩埵」者，有情也。簡稱菩薩，是普濟之謂。又上求佛道爲菩，下化衆生爲薩。又菩薩者發菩提大心之衆生也，菩薩以菩提心爲體而自度，以大悲心爲用（運同體大悲）而度人，自他兼利所以稱爲大乘。

小乘、中乘、大乘用功的分別：小乘斷六根，中乘滅一念無明，大乘斷無始無明。小乘、中乘在果上做功夫，須知果從因來，枝折根在，小乘、中乘用功所以不是究竟；拔草除根，清流塞源，要大乘用功所以才是徹底。無始無明譬如盜魁，一念無明譬如股匪，六根譬如賊匪所用的武器，欲爲民除患必須剿賊，但擒賊要擒王，所謂殲厥渠魁，脅從罔治，盜首已除，股匪無主，則其授撫也必矣；若捨其魁首而擒其附從，不特擒不勝擒，即使一時擒盡，他日賊王再招新匪，賊患仍未平也。六根煩惱、一念無明皆因無始無明而來，無始無明者，根本就不明亮，而迷昧本來妙明自性也。小乘之斷六根，六根何罪？特工具耳！而斷之是何異奪盜賊之刀兵而毀之，遂以爲盜害既除也！豈知害因在盜而不在兵器，夫兵器靡特不宜毀，且當資之以攻盜賊，六根豈獨無庸斷，反應利之以破無明；中乘之務斷一念無明而不知斷無始無明，是猶擒賊不擒王也；大乘用一念無明破無始無明猶如以毒攻毒，然一念無明是起一箇思想，爲法執；根本無明空空洞洞、一無所有，是空執。法執是不可破的，空執是可破的。在大乘用功的時候，小乘、中乘統統不對，小乘中乘是化城，大乘是寶所，設化城引入寶所。

大乘用功最緊要明白岐途，誤入的岐途有四種病：一是止病，就是將一切思想止住不起，如海水不起波，無一點浮漚。二是作病，就是起一箇惡思想改作一箇好思想；不怕妄起，衹怕覺遲；以妄除妄，捨妄取真；前念已滅，後念未起，中間是；背塵合覺，背覺合塵。三是滅病，就是將一切思想滅盡了不起，如明鏡現前無一點灰塵。四是任病，就是思想任他起亦好、滅亦可，不執著一切相，不住一切相，對境無心，一切無礙。豈知止、作、任、滅都是靈性見聞覺知的事情，不是佛性。思想起固非佛性，思想不起亦非佛性，思想起伏是生滅法，佛法是不生不滅，兩不相干；惡思固非真心，好思想亦非真心，好惡是相對，真心是絕對，兩不相干；惡思想固是妄，好思想亦非真，相對不實故；捨取是妄識的作用，不是自性的本體，能捨是妄，所取何真？見聞覺知所支配故；前念已滅，後念未起，是空無所有，自性能生萬法，與一無所有是了不相干；背覺合塵固非佛性，背塵合覺亦非菩提，相對待故。譬如一面明鏡，灰塵一來明鏡變爲黑板，背覺合塵；灰塵拭去黑板變爲明鏡，背塵合覺。將一切思想滅盡，當知真性非從滅思想而有，非從起思想而無，思想一起真性變作假心，灰塵一來明鏡成爲黑板，時時要將它拂拭，不是很麻煩嗎？至於思想任它起亦好、滅亦好，它就以爲是不執著一切相，殊不知它已經執著一箇「任」字，住「不執著一切相」的相了，就是有心有礙，殊不知而已。以上錯處就是由於跑入外道和二乘的見解的緣故，外道雖自成一家之說，但其極點均約相同，究其內容都是牽强遷就的，須知佛法的明心見性，不是從裝作得來的。

止、滅二病是導源於二乘斷思想、婆羅門的斷愛念、老子的清淨無爲。二乘的過上邊已經講了。婆羅門將本心來譬明鏡，愛欲來譬灰塵，但是灰塵除了又來，思想滅了又起，法爾如是；譬如飽不思食，饑則思飯，有飽必有饑，餓時思食亦是愛欲，如要斷絕除非死了才可以。老子以少私寡欲、不搖精爲養生之道，但是他的清淨無爲又有清淨的痕迹，就是根本不清淨了；譬如黑白兩色，說白是淨，黑是染，但是兩者同爲色，本無淨染之別，同爲太陽或其光線及物體的因緣所生故。王陽明主張「一念不起，無善無惡是心之體；一念起，有善有惡是意之動；知善知惡爲良知，爲善去惡爲格物。」此說近於曖昧，思想起知善知惡，那善惡到底是從內有而起，抑由外入而來？若說內有，善惡兩者，何者是汝心？若說外來，何干汝意？孟子道「性善」，荀子言「性惡」，韓愈說「人性有善、惡及可以善可以惡三者」，《書經》云：「人心唯危，道心唯微，唯精唯一，允執厥中。」《中庸》曰：「喜怒哀樂之未發謂中。」宋儒朱子等主張「去人欲之私，存天理之正」，此儒家各宗論心術之十要，但修行皆未得其法，而本性均未得其真也。

至若任病，全以外道的中道並莊子的放達爲註腳。中道的見解就是「不著二邊、不落有無」。從前佛住世的時候，有一箇很有名的外道叫做大慧，他和佛辯論，他的宗旨是立四句爲宗，心中不執著「有、無、亦有亦無、非有非無」，便是四句也。佛告訴他這是靈性見聞覺知之作用，佛性是如如不動的，與四句了不相干。大慧得聞佛說知四句是不對的，即從佛修大乘法門，後來得明心見性。世尊因長爪梵志索論義預曰：「我義若墮，當斬首以謝。」世尊曰：「汝義以何爲宗？」

志曰：「我以一切不受爲宗。」世尊曰：「是見受否？」志拂袖而去。行至中路有省，乃歎曰：「我義兩處負墮。是見若受，負門處麤；是見不受，負門處細。一切二乘不知我義墮處，唯有世尊諸大菩薩知我義墮。」回至世尊前曰：「我義兩處負墮，故當斬首以謝。」世尊曰：「我法中無如是事，汝當回心向道。」於是同五百徒衆一時投佛出家。

龍樹菩薩破二乘外道，《大智度論》說：「因緣所生法，我說即是空，亦名屬假名，亦是中道義。」中因邊有，因緣所生是相對的。前念已滅，後念不起，是空無所有。這箇世界本是成、住、壞、空，輪迴著的，在世界未成以前世界乃空，而業識已有。所謂業識乃一切衆生共業之通稱，父母未生以前叫做中陰身，在此業識內，佛性、無始無明、靈性見聞覺知、一念無明、六根等均已共在。佛性本來不可以用名目來拘泥的，但要教化衆生不得已要用各種名稱來形容它。茲將名目略舉如下：圓覺真性、一真法界、本來面目、真如實相、法界體性智、自心現量、究竟堅固、如來藏心、實相般若、常樂我淨、本有自我、寂滅最樂、自性彌陀、常住真心、大光明藏、法身本心、無生法忍、無餘涅槃、毗盧遮那。佛性是有知覺，無生滅，無善惡是非、煩惱生死，是無來無去，偏滿虛空、充塞宇宙，究竟快樂，是不受薰染、無漏的，人人都是一樣。法身是有知有覺，無始無終。

法身	有知有覺，無始無終，本來面相，不受薰染，遍滿虛空，人人是一樣
	可以破：無知無覺，無始有終，無明窠臼，空洞黑闇，一無所有
報身	淨緣——有知有覺，無始無終——靈性見聞覺知——染緣，是受薰染，善惡煩惱愛欲受種種具全，人人不是一樣，悟後變爲佛性
	不可破——有知有覺——無始無終——用功——一念無明——悟後變爲佛性
應身	眼耳鼻舌身意　悟後變爲佛性

無始無明就是根本無明，臨濟祖師說的「無明湛湛，黑闇深坑，實可佈畏」，又稱菴摩羅識（九識），即淨識之意。禪宗口頭所說「百尺竿頭，向上一著」、腦後一槌、無明窠臼、黑漆桶底，就是指它。中乘所證的心、主觀的我法、客觀的宇宙雙忘，無我（身）、我所（器界），就是到這箇地步。浩然之氣（孟子）、一念不動、天命之性（《中庸》）、吾心宇宙（宋儒）、喜怒哀樂（《中庸》）、先天無極（先天大道）、清淨無爲（老子）、清淨快樂（西洋哲學），統統不出這箇境界之外。無始無明是無知覺、無生滅、無善無惡，無是非煩惱、愛欲、思想等，人人都是一樣，是無始有終，可以打得破的。我們的佛性被它包藏在裏面，用功打破就可以見佛性。

靈性見聞覺知分爲兩方面，就是染緣與淨緣。淨緣就是思想不起，清清淨淨的；染緣就是靈性見聞覺知起無明妄念，印象得來的，有善、惡、是、非、愛、喜、怒、哀、樂、欲、煩惱、思想，種種俱全，是受薰染、有漏的，人人的不是一樣，新學家稱爲腦筋。本有神我（婆羅門）、良知良能、後天之性（王陽明）、率性之命（《中庸》）、氣質之性、腦筋靈性、智慧思想、節制欲望（西哲）都屬這箇範圍。中國古學所謂陰陽二動也是指這箇妄心，不出那兩種相對的位置之外。假如我們見佛性後，這些統統都變爲佛性，是我們的報身，是有知有覺、無始無終。

一念無明，又叫做一念不覺，起一箇思想是從靈性見聞覺知生出來的，未見性是無明妄念，見性後變爲佛性，是有知有覺、無始無終。眼、耳、鼻、舌、身、意是從無明妄念來的，有六根就成六塵識，見性後統統變爲佛性，是我們的應身，是有知有覺、無始無終。

佛性、無始無明、靈性見聞覺知、一念無明，眼、耳、鼻、舌、身、意六根，這五種不能說那種先有那種後有，五種是一齊有的。我今說一箇譬喻：譬喻金鑛內的金子，金子不顯露出來，便是爲泥砂等雜質所遮藏故，此等雜質就好比無始無明一樣。要得金子就須把金鑛來煆鍊，要見佛性就須把無始無明打破，金鑛銷成金子之後，永久不會復變爲鑛，衆生成了佛之後，永久不會變凡夫。我們的佛性是無始無終的，譬喻金子在鑛還未鎔銷的時候就已然有了，鎔鍊了已後永久不會變爲鑛了。金子生來是鑛不是金，銷成金後永久不會爲鑛。

小乘修四諦，中乘修十二因緣，大乘修六度。佛臨涅槃的時候，問諸大弟子，將大乘法門用聖諦義解釋：苦是生死的果，集是無始無明爲因，滅是無始無明集因滅，道是證聖果（非小乘四諦，出《大般涅槃經》）。修大乘法，布施、持戒、忍辱、精進，此四種是我們身體行持的，大概箇箇都知道不用講。大乘用功修是修禪那，就是參禪，中國話翻爲「靜慮」。禪分爲兩種：靜慮禪、般若禪。靜慮禪就是指用功參禪的法門，般若禪是悟後的話，是最上乘。先由靜慮修，證悟後纔到般若禪，般若禪後一步講。禪又分爲如來禪、祖師禪，如來禪是我們證道後見著我們的佛性，是爲如來禪；祖師禪是從世尊拈花、以至祖師吼棒責罵、揚眉瞬目、舉首低頭、嬉笑言談、接引後人，皆祖師禪。古人有一事證明：香嚴和尚證道後，說一偈送潙山云：「一擊忘所知，更不假修持。動容揚古路，不墮悄然機。處處無蹤迹，聲色外威儀。諸方達道者，咸言上上機。」潙山聞得，謂仰山曰：「此子徹也。」後仰山勘過，更令說偈，偈曰：「去年貧未是貧，今年貧始是貧；去年貧猶有卓錐之地，今年貧卓錐也無。」仰曰：「如來禪許師弟會，祖師禪未夢見在。」師後有頌曰：「我有一機，瞬目視伊，若人不會，別喚沙彌。」仰乃報潙山曰：「且善閑師弟會祖師禪也。」故如來禪是體，祖師禪是用，無祖師禪就不能接引衆生。

參禪是要用功的，請人家告訴他是不對的。譬如一箇北平人，我們問他北平的風景，他說北平的風景說得很好，我們聽了一無所知。古人香嚴和尚屢乞潙山和尚說破，山曰：「我說底是我底，終不干汝事。」修小乘四諦斷六根，我執已斷，還有清清淨淨的一念無明，法執還在的；中乘修十二因緣，滅一念無明，法執已斷，空執還在，就是無始無明；修大乘的禪那，就認爲小乘、中乘統統不對，是化城，要修大乘才是寶所。修禪那破無始無明空執爲大乘用功。說一譬喻：未見性前，上明下闇，本來佛性譬喻太陽，無始無明譬喻烏雲，太陽本有光明不能發現，因被烏雲遮障。我們用功打破無明窠臼，譬喻大風吹散烏雲，烏雲一散，太陽光明徧滿宇宙，充塞十方。太陽譬喻佛性，宇宙萬物在佛性中。

大乘破無始無明方法爲修禪那，也叫做參禪。參禪不屬坐，坐即有著（《馬祖語錄》）。不要執著一定坐著，行、住、坐、臥都要用功，不要間斷，閑著、有事、忙著皆可用功。大乘用功破無始無明，用六根隨便那一根，但我們南贍部洲的人（即是這箇地球），以眼、耳、意根爲利，考察古人用功，用眼、意爲多數。如用眼根，眼就不向外看，向內看到清清淨淨的，向見聞覺知裏面來看，看來看去看到山窮水盡，達到黑黑闇闇、一無所有的無明窠臼境界，就是「無始無明」、臨濟祖師說的「湛湛黑闇深坑，實可怖畏」，這時不可停止，再向前看，看得多，因緣時至囗的一聲，無始無明窠臼就會打破，無明一破豁然貫通，徹天徹地的看見本來面目佛性了。或者我們没有時間來內照，眼由它看，耳由它聽，意由它想，但是於其中要執持一箇念頭來下疑情：我們的佛性究竟在甚麼地方？被無始無明遮障，向無始無明來還回本來佛性。不論何時何地、閑著、忙著，片刻不忘，好似失去寶珠必定要將它獲著一樣，如是觀照，機緣一到囮的一聲，也可以見佛性。如能照此修行，豁然貫通見本來佛性，到此時本來佛性是法身，見聞覺知報身，六根行是應身，各爲一體三身。古人云：「見性後就算是到家了。」以後就不用修，自己有不好的習氣就要斷除，遇明眼人就將所證悟的拿來證；假如不遇明眼人，將《指月錄》、《五燈會元》、《傳燈錄》隨一部皆可看看印證。

悟後，靈性見聞覺知變爲佛性，裏面無量的生死種子和盤托出，此時根塵識亦變爲佛性。見性後在本體上看是一律平等的，無所謂佛、無所謂衆生、無所謂衆生成佛，生死涅槃猶如昨夢，菩提煩惱同是空花。未見性前，一假皆假，妄想心作支配故；既見性後，一真皆真，真心所流露故。所謂以金作器，器器皆金。那時，鬱鬱黃花無非般若，青青翠竹總是真如，大地山河皆爲佛性，石頭瓦塊概屬菩提，嬉笑言談、音聲語言盡是佛性，真心妙用、揚眉瞬目，佛法宣流。蓋即體起用，即用歸體，即體即用，即用即體，體用不二故。所以左右逢源，無不自得，前時怎樣也不得，現在怎樣也得。佛性是定，起念是慧。

大乘用功與參話頭沒有差別。如參「念佛是誰」？就先明白：念佛的念是從見聞覺知起來的，假如不起念，是見聞覺知，非是佛性。識取自己本來面目本來不起念，如如不動，念佛與本來佛性了不相干。二六時中向身內識取本來佛性，不要向外求，識來識去，因緣時至囫的一聲，無始無明一破，豁然貫通，就可以見本來佛性。如參「本來面目在那裏」？宜先明白：起念是見聞覺知，不起念亦是見聞覺知，空無所有是無始無明，本來面目如如不動。向無始無明識取，識來識去，因緣時至囫的一聲，無始無明一破，豁然貫通，就會見著本來面目。如參「萬法歸一，一歸何處」？宜先明白：所謂萬念從見聞覺知起，三界唯心，萬法唯識，心指見聞覺知，識指認識，萬法從本來面目生，如如不動，亦不起念。見聞覺知將萬念歸一念，向無始無明識取本來面目，識來識去，時機一到，囫的一聲，豁然貫通，就可以看見萬法從自性生。如參「父母未生以前，如何是本來面目」？宜先明白：父母未生以前是中陰身，一念不覺入母胎，父母未生以前非佛性。明白中陰身受生死因，未見佛性故，如何方能見佛性？父母未生以前是中陰身，父母既生以後是見聞覺知的靈性，明白本來面目，識取後永久不輪迴胎胞。此人因被無始無明窠臼遮障，我們就從無始無明識取，因緣時至囫的一聲，無始無明一破豁然貫通，本來面目自性即出現。

最上乘者就是第六度般若禪，佛法在本來自性上，本是無言無説，無佛可成，無衆生可度，無生死可了，無涅槃可證，但有言説都無實義，語言道斷，心行處滅。德山和尚云：「窮諸玄辨，若一毫置於太虛；竭世樞機，似一滴投於巨壑。」語言文字、聰明智慧，一概都用不著，故釋迦佛説法四十九年，未曾説著一字。最上乘法是唯證與證乃能知之，是過來人的話。既證到後，宇宙山河、世間萬物，都在佛性光明之下。最上乘法如兩箇同鄉人，見面時所説鄉土風光，唯他二人如甜如蜜，傍人聽之如聾如啞。最上乘法唯過來人與過來人所講乃知，未證悟的人聽見證悟的人東説西説，千萬不可毀謗。古人云：「毀謗般若，罪過無邊。」假如你未悟，怎樣説都不是；假如你悟後，怎樣説都是。證悟後心中七通八達，從自己胸襟中流露出來，説般若禪、教外別傳、直指人心、見性成佛、和盤托出；或瞬目揚眉、問東拉西、瞋喜打罵、説是説非、擎拳舉指；或行棒行喝、豎拂拈槌；或持叉張弓、輥毬舞笏；或拽石搬土、打鼓吹毛；或一默一言、一噓一笑，乃至種種方便，皆是親切爲人，然祇爲太親故，人多罔措。瞥然見者，不隔絲毫；其或沈吟，迢迢萬里。欲明道者，宜無忽焉！祖祖相傳，至今不絕，祇怕不悟，不怕悟後無語。

禪宗悟後說法，是奪人不奪境，人生宇宙萬物空有是境。悟後的人說法，將人生宇宙萬物空有隨拈一樣都是佛法，假如你悟後，怎樣說都是佛法，假如你未悟，怎樣說都不是。

佛法略舉數則作爲參考：

襄州居士龐蘊謁石頭，乃問：「不與萬法爲侶者是甚麼人？」頭以手掩其口，豁然有省。偈曰：「但願空諸所有，慎勿實諸所無。」

澧州藥山惟儼禪師，首造石頭之室，便問：「三乘十二分教，某甲麤知，嘗聞南方直指人心見性成佛，實未明了，伏望和尚慈悲指示。」頭曰：「恁麼也不得，不恁麼也不得，恁麼不恁麼總不得。子作麼生？」師罔措。頭曰：「子因緣不在此，且往馬大師處去。」師禀命恭禮馬祖，仍申前問，祖曰：「我有時教伊揚眉瞬目，有時揚眉瞬目者是，有時揚眉瞬目者不是。子作麼生？」師於言下契悟，便禮拜。祖曰：「你見甚麼道理便禮拜？」師曰：「某甲在石頭處如蚊子上鐵牛。」祖曰：「汝既如是，善自護持。」

李翱問藥山和尚曰：「如何是道？」師以手指上下曰：「會麼？」曰：「不

會。」師曰：「雲在青天水在瓶。」李欣然作禮。述偈曰：「鍊得身形似鶴形，千株松下兩函經。我來問道無餘話，雲在青天水在瓶。」李又問：「如何是戒、定、慧？」師曰：「貧道這裏無此閑家俱。」李罔測玄旨。

潭州招提寺慧明禪師，初參馬祖，祖問：「汝來何求？」曰：「求佛知見。」祖曰：「佛無知見，知見乃魔耳。汝自何來？」曰：「南嶽來。」祖曰：「汝從南嶽來，未識曹溪心要。汝速歸彼，不宜他往。」師歸石頭，問：「如何是佛？」頭曰：「汝無佛性。」師曰：「蠢動含靈又作麼生？」頭曰：「蠢動含靈即有佛性。」曰：「慧朗爲甚麼卻無？」頭曰：「爲汝不肯承當。」師於言下信入。往後凡學者至，皆曰：「去！去！汝無佛性。」其接機大約如此。

天皇道悟禪師，謁馬祖，祖曰：「識取自心，本來是佛，不屬漸次，不假修持，體自如如，萬德圓滿。」師於言下大悟。

益州大隨法真禪師，妙齡夙悟，徧參知識。次至大潙會下數載，食不至充，臥不求煖，清苦鍊行，潙深器之。一日問曰：「闍黎在老僧此間，不曾閒一轉話。」師曰：「教某甲向甚麼處下口？」潙曰：「何不道如何是佛？」師便作手勢掩潙口，潙歎曰：「子真得其髓。」

福州靈雲志勤師，本州長谿人也。初在溈山，因見桃花悟道。雲有偈曰：「三十年來尋劍客，幾回落葉又抽枝。自從一見桃花後，直至如今更不疑。」溈覽偈，詰其所悟，與之符契。囑曰：「從緣悟入，永無退失，善自護持。」

洪州新興嚴陽尊者初參趙州，問：「一物不將來時如何？」州曰：「放不下，擔取去。」師於言下大悟。僧問：「如何是佛？」師曰：「土塊。」曰：「如何是法？」師曰：「地動也。」曰：「如何是僧？」師曰：「喫粥喫飯。」問：「如何是新興水？」師曰：「面前江裏。」

八、三論宗

是把龍樹菩薩所著《中觀論》、《十二門論》和其弟子提婆菩薩所著《百論》三部論爲根據的一宗，弘通無相皆空底法門的。在印度，龍樹、提婆二菩薩爲元祖，羅睺羅尊青目論師繼承之，各有所論述。後清辨、智光更大加弘通。其次在中國，東晉時代，羅什三藏首先傳譯，弘通龍樹、提婆所著書，其門人三千，其中僧肇、道生、道融、僧叡四人，號稱四哲。僧肇、道融在關內，就是中國的西北地方，不但依上面所舉的三論，也依用《大智度論》等，弘道真空妙有底法門，稱之爲「四論宗」。道生、僧叡二人移居吳地，單依用三論，鼓吹真空底一邊，這是中國三論宗底本源。到南北朝，曇濟弘之，經道朗傳之於攝嶺的僧詮，僧詮傳之於興皇的法朗，但僧詮生當梁世，天親菩薩底法門已顯於中國，受其影響，在法門底說明上稍見變遷，所以稱道朗以前為古說，僧詮以後為新說。法朗底門人吉藏，是三論底高祖，所謂嘉祥大師便是。吉藏金陵人，梁大清三年生，隋開皇元年三十三歲時遊於吳越之境，留居嘉祥寺，開講筵，著三論底注疏。後入長安，住於慧日寺。在唐武德六年五月圓寂，年七十五，有著述四十四部。本宗蓋由吉藏大成，在他一代弘通最盛，其門下雖然不無英匠，但是被法相宗所壓到，其勢極為不振，到唐中葉差不多陷於衰滅底狀態了。

宗名

三論宗的名稱，是因為把《中論》、《百論》、《十二門論》之三論為正依而成立的。其正不依佛所說的經，卻依菩薩所造的論為宗名，是甚麼緣故呢?就因大小教乘是治眾生種種執見毛病的藥，藥病相應就能完全除掉執見，所以在一代諸經不能附以優劣等差。如果依照經是依著那對於一機一緣而說的，就墮於有所得之見了，所以當舉一切經爲其所依。但是因爲《中》、《百》、《十二》三論是概括一代教，提示佛說真意的緣故，依著三論就是依著一切經的道理。因此這宗特和諸宗相異，不取諸經而依論立它的宗名。

教判

凡是諸宗的教判，都判別一代教底優劣，廢劣立勝。三論卻不然，主張佛教底目的是在唯物悟宗，其所顯示之道不二，以故不許把一代教爲優劣之別，有廢立之見，以爲如果如諸宗那樣，對於一代教判別優劣，那就墮於有所得之見，失掉佛教之真義了。如果强判別優劣，那可以說諸經各具等、勝、劣的三義，優劣相半。吉藏對於成論師、地論師之教判加以詆斥，也就爲此。

這樣說諸經均等的，是在關於這法門之體，如果依著適化誘之教意，應著千差萬別之機緣，那就於八萬四千的法門，可得立「二藏」、「三輪」之教判。「二藏」是「聲聞藏」、「菩薩藏」。「聲聞藏」是小乘教，「菩薩藏」是大乘教，這就是因著佛說法所對的機有二乘、菩薩兩類，所以顯示道理之方法有不同，把一代教大別爲兩種。「三輪」是「根本法輪」、「枝末法輪」、「攝末歸本」。「根本法輪」是佛成道之初，說一因一果之法門；「枝末法輪」是爲著不配聽一因一果之法門的薄福鈍根之流，把一乘分做三乘說；「攝末歸本法輪」是說四十餘年之三乘，陶練其心，至於法華之時，會三乘而歸於一道，這就是表示小乘從大乘出，也入於大乘，大小究竟没有分別，聲聞和菩薩之二藏到底歸於一致。

上面是古三論的教判，還有新三論，有智光的三時教，是說「初時心境俱有，二時境空心有，三時心境是空。」初時心境俱有，是說佛起先在鹿野苑，爲著小根說小乘之法，談我空法有；二時境空心有，是說佛第二時爲著中根說法相大乘，談萬法唯識；三時心境俱空，是說佛第三時爲著上根說無相大乘，談有爲空、無爲空、究竟空。這是智光對於法相宗戒賢之三時教所特立的。一代教中，小乘、法相大乘是未了義方便之教；獨是無相大乘，爲了義真實之教。

教理

我們把「破邪顯正」、「真俗二諦」、「八不中道」三科可以概觀三論宗底教理，蓋這三科依吉藏說，爲《中論》之綱領，就是一代教底大要也不出乎此。

一、**破邪顯正**。大凡佛教都是打破衆生的迷見，說真如實相之妙旨，没有不是以破邪顯正爲宗的。但是諸宗所立的破邪顯正，是以邪說爲邪說而破之，而別顯正說，就是破邪之外別有顯正。這宗卻不然，其所謂破邪顯正，破了有所得的邪執，便達於八不無所得的正觀，於破邪之外並沒有顯正，邪破就顯正，這實是所稱爲「破顯同時、立破同時」的法門，是這宗特有的見解。凡有所得之見，雖然是無量數的，但就吉藏當時說，有外道、毗曇、成實、大乘之四宗，他用「破不收、收不破、亦破亦收、不破不收」之四句破之。顯正的「正」，是說離掉有所得之執。這裏有「體正」、「用正」。「體正」是指無所得的理體，「用正」是指那因爲要叫它契合於其無所得的理體，勉強在無名相中設立名相，說真俗二諦。雖有這樣「體正」、「用正」的兩者，但究竟於破有所得之執外，別沒有顯正。

二、真俗二諦。真俗二諦的教義，雖然諸宗通用，但都是就所證之理、所觀之境而立的。本宗卻不然，它說二諦，以約於言教爲常規，這約教二諦不爲諸宗所用，所以是三論特具的教義。大凡所觀之境、所證之理，必定是絕對、不二、無差別、平等的，但是二諦既經分爲真、俗，就全然沒有這義，不能當它做所觀之境、所證之理。所以就能說之言教談二諦的，是此宗的約教二諦。那麼，佛說之二諦是甚麼呢？佛說之二諦是欲對治那外道凡夫的空有、斷常之二見，使他們達於絕對、不二、無差別、平等之理而說的，也同樣不是所觀之境、所證之理。這裏有「於諦」、「教諦」的分別，就是稱那外道凡夫空有、斷常之二見爲「於諦」，又叫做「所依之二諦」或「本於」。那對治它的佛說二諦之教言叫做「教諦」。但是，小乘的人和方廣道人，更關於佛之言教而起迷見，執俗諦爲有，執真諦爲空，這叫做「迷教於諦」或叫做「學教於諦」。又對於上面的「本於」叫做「末於」。至於這「迷教於諦」，是佛滅後的迷見，龍樹、提婆的三論特加以破斥以顯二諦底真意。總之，約教二諦，是用二諦打破有所諦底迷執，欲使它契於絕對、不二、無所得、平等之理之教門。

又關於這二諦底解說有四重二諦底分別：其一、「有」爲世諦，「空」爲真諦。其二、「空」、「有」爲世諦，「非有」、「非空」爲真諦。其三、「二不二」爲世諦，「非二非不二」爲真諦。其四、上面二不、二和非二非不二爲世諦，言亡慮絕、絕四句、斷百非爲真諦。這四重中間，其一是對於毗曇家的事理二諦；其二是對於成論師的空有二諦；其三是對於大乘師之把依他分別之二爲俗諦，把無生無相、不二真實爲真諦；其四是對於大乘師之以三性爲俗諦，以三無性非安立諦爲真諦，而各各設立的二諦。

三、八不中道。是把上面所述破邪顯正、真俗二諦之教理來實踐躬行底中道觀。「八不」，是說《中論》所示的不生、不滅、不斷、不常、不一、不異、不來、不去。衆生底執見雖然是千差萬別，但概括起來，不出乎生、滅、斷、常、一、異、去、來之八計。所以否定這八計，冠以「不」字，就爲「八不」。究竟「八不」是掃蕩一切執見底意義，這樣，打破一切偏見，一念不生，就是這八不中道。三論所謂中道，和諸宗破執之外另有一箇中道之理相異。關於這箇，有「五句三中」底分別。五句中間，其一是實生實滅，這是認實生實滅的單俗；其二是不生不滅，這是認實不生不滅底單真；其三假生假滅，即不生不滅的生滅，這是世諦中道；其四是假不生，假不滅，生滅已經假了，故不生不滅也是假，這是真諦中道；其五是非生滅，非不生滅，生滅也非，不生滅也非，顯示言語道斷，心行處滅，這是二諦合明之中道。以上係依生滅立「五句三中」，關於斷常以下也呈同樣的結果。

「五句三中」雖是使得契於中道的形式，但如果拘於這形式，單認中道底一法，就全然背了八不底真義了，便成了有所得中道之見。因此能夠不因於形式，徹見它的精神，銷盡一切偏見情想，便是中道底念慮也都泯絕，方可得會於無所得的八不之中道。又因欲表示這樣中道底特質，特立「對偏立」、「盡偏中」、「絕對中」的三中，意謂「八不中道」並非另外有孤然的一物，祇是對於偏而說中的，既然對於偏而說中，那麼偏之銷盡便爲中道。以故，偏盡了，中也沒有，中道底實際是絕對不可思議的。總之，看八不中道，至於言思路絕，一念不生，那就是達於無所得的諸法實相，入於無滅無悟本來寂滅的涅槃界，這實是一代佛教究竟的目的，一切衆生證悟底極致。至於成就、利根在一念，鈍根須得經三祇，歷五十二位。敘述這三論宗底詳細教理的書有《三論疏》、《三論玄義》、《大乘玄論》、《二諦章》、《三論大義鈔》、《八宗綱要》等。

三論宗修破空觀，端身正坐，跏趺坐亦可，不跏趺坐亦可，兩眼半闔。小乘斷六根，我執已斷，法執還在；二乘斷一念無明，法執已斷，空執還在；大乘法執、我執不斷，知小乘二乘皆非，用我執的一念破空執，見般若爲主要。般若即佛性，空執即無始無明，修大乘明心見性，是絕對的無爲法沒有輪迴，二乘是相對的有爲法。

可以打破 ← 空執　般若
染－見聞覺知－淨
不可破　一念無明
→ 眼、耳、鼻、舌、身

- 有爲法
  - 物
    - 色法
      - 五根—眼、耳、鼻、舌、身。
      - 五境—色、聲、香、味、觸。
      - 無表色
  - 心
    - 心法—意識
    - 心所有法
      - 偏大地法—受、想、思、觸、欲、慧、念、作意、勝解、三摩地。
      - 大善地法—信、勤、捨、慚、愧、無貪、無瞋、不害、輕安、不放逸。
      - 大煩惱地法—癡、放逸、懈怠、不信、昏沈、掉舉。
      - 大不善地法—無慚、無愧。
      - 小煩惱地法—忿、覆、慳、嫉、惱、害、恨、諂、誑、驕。
      - 不定地法—悔、睡眠、尋、伺、貪、瞋、慢、疑。
  - 非心非物—不相應行—法—得、非得、衆同分、無相異熟、無想定、滅盡定。命根、生住、異滅、名身、句身、文身。

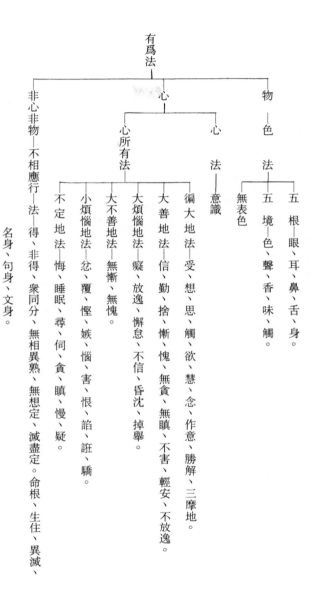

月溪法師高臥碑文

師諱心圓，號月溪，俗姓吳。其先浙江錢塘人，業滇遂家昆明，三傳至師。父子莊公，母陸聖德，生子五人，師最幼。師弱而好書，珪璋秀發，習儒業於汪維寅。先生年十二，讀〈蘭亭集序〉至「死生亦大矣，豈不痛哉」句，慨然有解悟，問先生如何方能不死不生？汪告曰：「儒言：『未知生，焉知死？』此言要問佛學家。」旋問佛學家，告曰：「肉體有生有死，見聞覺知靈性輪轉，佛性如如不動，不死不生。假如未見佛性，佛性隨見聞覺知靈性輪轉。如見佛性偏滿虛空，見聞覺知靈性變爲佛性。」問如何方法能見佛性？佛學家不能答。授以《四十二章經》、《金剛經》，自是兼攻佛學。隨肄學業於滬，尤專心老、莊，濂、洛、關、閩書，博綜六經，偏參江浙名山梵刹，叩問諸大德。將佛學家告如何方法能明心見佛性？凡所答案皆未圓滿。時妙智尊宿教看「念佛是誰」話題。年十九，決志出家，闡揚大法。父母幼爲訂婚，堅不娶，即於是歲，禮本境靜安和尚剃染受具。甫出家精進勇猛，於佛前燃左無名、小二指；並剪胸肉掌大，炷四十八燈供佛。發三大願：一、不貪美衣食樂，修苦行，永無退悔。二、徧究閱三藏一切經典，苦心參禪。三、以所得悉講演示導，廣利衆生。師每日除看經外，誦佛號五千聲，輪誦《華嚴》、《涅槃》、《楞嚴》，有閑時拜《圓覺經》爲課。師公靜公和尚告曰：「如爾所修，在家亦可，何必出家？即非僧相，要修向上一著法門，纔是出家本分大事。」教看「萬法歸一，一歸何處」話頭。隨授《傳燈錄》、《五燈會元》、《指月錄》。師看過有些知，有些不知。師最喜臨濟語，如何用功還是渺茫。師後隨悟參法師學天台、賢首、慈恩諸宗教義。年二十二，遂徧涖衆會說法宣講，聽者如市。應金陵之請，講楞伽法會。師示衆曰：「衆生本來是佛，祇因無明妄念，生死不能了脫；若能破一分無明妄念，即能證一分法身。無明妄念破盡，法身顯露。」時法會中有開明尊宿，問曰：「如無明妄念從外面來，與你不相干，又何必去斷？如妄念從裏邊生出來的，譬喻龍潭出水的水源，時時有水生出來的，斷了又生，生了又斷，無有了期。修行斷妄念，這個道理實在不通！古人云：『王法不外乎人情。』佛法亦不外乎人情，妄念斷是佛性，妄念起是衆生，豈不是成佛亦有輪迴？」師不能答。再問曰：「法師未曾明心見性，經中無此語，此語是註解中得來。見性的人註解經典，路途便不錯。不見性人註解經典，說南朝北，拉東補西，顛倒是非。是否？」師答曰：「是不錯。」師頂禮尊宿，並舉將佛學家告如何方法方能明心見性。尊宿告曰：「此語法師可去問牛首山獻花巖鐵巖宗匠，他是悟後的人。」師星夜往參，問巖曰：「老和尚在此作甚麼？」巖告曰：「穿衣、喫飯、打眠、遊山玩水。」師對曰：「可惜你空過了。」巖告曰：「我可空過，你不可以學我空過，你若到那一片田地，亦可以學我空過。」師問曰：「如何是那一片田地？」巖豎一指。師對曰：「我不知道。」師問曰：「我今將妄念斷盡，不住有無，是那一片田地否？」巖告曰：「否！是無始無明境界。」師問曰：「臨濟祖師說是無明湛湛黑闇深坑，實可怖畏。是否？」巖告曰：「是。」師將佛學家告如何方法用功，方能明心見性。巖告曰：「汝不可斷妄念，用眼根向不住有無黑闇深坑那裏返看，行、住、坐、臥不要間斷，因緣時至，無明湛湛黑闇深坑，囫的一破，就可以明心見性。」師聽此言，如飲甘露。由此用功，日夜苦參，形容憔悴，瘦骨如柴。至某中夜，聞窗外風吹梧桐葉聲，豁然證悟。時通身大汗，曰：「哦！原來不青不白，亦不參禪，亦不念佛，亦無死生事大，亦無無常迅速。」信口說偈曰：「本來無佛無眾生，世界未曾見一人；究竟瞭解是這箇，自性還是自己生。」向窗外望，正是萬里晴無雲，四更月在天。師數日後，再去問巖曰：「不求用功法門。只求老和尚印證。」巖舉楖杖作打勢，問師曰：「曹溪未見黃梅意旨如何？」師答曰：「老和尚要打人。」巖再問曰：「見後意旨如何？」師再答曰：「老和尚要打人。」巖點頭。師將所悟稟呈，巖告曰：「子證悟也，今代汝印證，汝可再將《傳燈錄》印證。汝大事畢矣，有緣講經說法度生，無緣可隨緣度日。」師將《傳燈錄》、《指月錄》、《五燈會元》、《華嚴經》印證，一概瞭解，如家裏人說家裏話。師從今後講經依照《華嚴經》：佛性恆守本性，無有改變，始終不改；佛性無染無亂，無礙無厭，不受薰染；佛性不起妄念，妄念從見聞覺知靈性生起；除卻止、作、任、滅四病，不斷妄念，用一念破無始無明，見佛性為主要。師講經說法皆從自性中發露出來，不看他人註解。師後贗川、湘、鄂、贛、皖、閩、粵、陝、甘、京、滬、平、津、魯、晉、豫、熱、浙、杭、青、香、澳諸講筵，數十年無虛日，講經二百五十餘會，講經一種為一會。師性超然喜遊，如遊終南、太白、香山、華山、峨嵋、九華、普陀、五台、泰山、嵩山、黃山、武當、匡廬、茅山、莫干、嶼山、恆山、羅浮山等。凡遊雲霞深處，數月忘歸。所到名山，必有詩對。師善彈七弦琴，遊山必攜琴隨身。師節操高邈，度量出羣，不應酬世法，性度弘偉，風鑑朗拔，雖宿儒英達莫不服其深致。師之詩文有雲霞色，無煙火氣。師年老，豎一指為衆弟子說法曰：「來從偏滿虛空來，迦葉佛釋迦佛；去從徧滿虛空去，觀世音彌陀佛。古今諸佛，在老僧指頭上，不去不來；老僧亦在指頭上，不去不來。汝等若能識取，便是汝等安身立命處。」說偈曰：「講經說法數十年，度生無生萬萬千；等待他日世緣盡，徧滿虛空大自在。」師囑弟子曰：「夫四大從因緣生者，有生必有滅；自性本來無生，無生亦無滅。」有生必滅者，預有歸所，歸所高臥處，擇昆明南門外，杜家營村後，跑馬山之陽，望昆明湖。師生平未度剃染徒（編按：另據法師胞侄稱，師有「剃染徒二」），皈依弟子十六萬餘衆。師教弟子修念佛法門。師座下悟道弟子八人：五台寂真、明淨尊宿、北平李廣權居士、上海周運法居士。餘四人已先棄世。師著有《維摩經講錄》、《楞伽經講錄》、《圓覺經講錄》、《金剛經講錄》、《心經講錄》流傳北方。《佛教人生觀》（即《佛教的人生觀》）、《佛法問答錄》，流傳南方。及《大乘八宗修法》、《大乘絕對論》、《月溪語錄》、《參禪修法》、《念佛修法》、《咏風堂琴課》。

弟子智圓敬撰並書

皈依弟子

智圓　智融　智惟　智悅　智如　智尊　智用

智參　智滿　智溪　智生　智諦　智通　智覺

智心　智真　智雲　智蓮　智海　智量　智哲

敬立

智遂　智信　智性　智明　智鏡　智定

中華民國第一甲子己卯年仲春既望日

編後語

郭哲志

「爲天下學道者定宗旨，爲天下學道者辨是非」，這是千餘年前荷澤神會大師破北宗清淨漸修禪，立六祖惠能頓教禪時，所留下的氣勢磅礴的口號，神會定宗旨之舉，也由此爲禪宗心地法門開創出日後「一花開五葉」的契機。千餘年後的今日，佛教表面上看似生機蓬勃，但觸目所及，無一不是流於中、小二乘的末代禪法，宗門尚且如此，更遑論教門及其他附佛外道，佛陀的正法眼藏真的是沒落了！

神會的時代，明心見性的祖師各化一方，尚且有魔强法弱之慨，今日的環境要想重振宗風，困難更是數倍於當時，我們選擇了整理弘揚月溪法師的思想做爲一箇起步。月溪法師是箇明心見性的過來人，本身又精通中西各家學說及佛教各派典籍，除了以現代人更能分別明白的「絕對論」重新闡釋「佛性」和「外道法」的差別外，其著作努力的方向在於揀擇佛法中種種似是而非，千百年來卻未爲人察知的謬誤。這番「定宗旨，辨是非」的苦心，雖未於法師生前有立竿見影之效，然而今日或許能有一大因緣再現於世也未可知。

在臺灣，由於某些緣故，月溪法師之名及其著作並未廣爲人知，坊間雖有印經會以印善書的方式流通，流通的層面亦屬有限。在某次因緣巧合下，我們和圓明出版社討論了出版月溪法師文集的可行性，而開始了這番合作的計劃。月溪法師的著作據稱有九十八種，惟大部份於戰火中佚失，我們所蒐集到的亦僅二十餘種。所以關於內容的來源，我們希望以拋磚引玉的方式來獲得讀者的迴響，倘若讀者手邊收藏有月溪法師的著作，盼能提供我們參考，以促其流通並增加整套文集的完整性。

月溪法師的每本著作雖都各自完整可讀，但合併爲文集卻有頗多重複贅累之處，一番去蕪存菁的整理功作是必要的。有的著作因其內容於他處重複或可被合併，不再單行出現，如《用周易老莊解釋佛法的錯誤》、《月溪法師問答錄》、《四乘法門》、《大乘佛法用功論》、《大乘佛法簡易解》、《由真起妄返妄歸真之考證》。至於法師其他的著作，大約以下列的順序來出版：《大乘絕對論》、《月溪法師開示錄》、《佛教的人生觀》（含《無始無明》、《大乘八宗修法》）、《參禪與念佛修法》、《荷澤證道歌顯宗記溯源》，《圓覺經》、《金剛經》、《心經》、《維摩詰經》、《楞伽經》等經典的講註及《月溪法師詩詞書琴合集》（含《華山待月室記》、《詠風堂琴課》）。

月溪法師在著作中，因其本著護持正法、明確而不妥協的態度，於批判似是而非的教法時顯得相當直接毫無保留，對許多讀者而言，尤其若有涉及對自己過去既有觀念的否定時，可能會有難以接受甚或排斥的心態出現。這其實也是一般病患對喫藥，尤其是苦口良藥所會有的反應，然而病要醫好還是得克服這層障礙纔行。相信祇要能讀通月溪法師的著作，起碼具備了分辨他人說法是非對錯的能力，做箇達摩祖師東來所要找的「不被人惑」的人了！

國家圖書館出版品預行編目資料

佛教的人生觀／月溪法師著. -- 1 版. -- 新北市：
華夏出版有限公司, 2022.12
面；　公分. --（Sunny 文庫；253）
ISBN 978-626-7134-36-8（平裝）
1.CST：佛教 2.CST：人生觀

220.113　　111010160

Sunny 文庫 253
佛教的人生觀

著　作　月溪法師
總校訂　法禪法師
印　刷　百通科技股份有限公司
電話：02-86926066 傳真：02-86926016
出　版　華夏出版有限公司
220 新北市板橋區縣民大道 3 段 93 巷 30 弄 25 號 1 樓
電話：02-32343788　傳真：02-22234544
E-mail：pftwsdom@ms7.hinet.net
總經銷　貿騰發賣股份有限公司
新北市 235 中和區立德街 136 號 6 樓
電話：02-82275988　傳真：02-82275989
網址：www.namode.com
版　次　2022 年 12 月 1 版
特　價　新台幣 380 元 (缺頁或破損的書，請寄回更換)

ISBN：978-626-7134-36-8